谨以此书献给我的父亲母亲

感激他们点亮了我的生命

灵性与理性

—— 中国与西欧企业文化研究

周松波　著

商务印书馆

2010 年·北京

图书在版编目(CIP)数据

灵性与理性：中国与西欧企业文化研究/周松波著.
—北京：商务印书馆，2010
ISBN 978 - 7 - 100 - 07379 - 0

Ⅰ.①灵… Ⅱ.①周… Ⅲ.①企业文化—对比研
究—中国、西欧 Ⅳ.①F279.23②F279.56

中国版本图书馆 CIP 数据核字(2010)第 184308 号

灵 性 与 理 性
——中国与西欧企业文化研究

周松波 著

商 务 印 书 馆 出 版
(北京王府井大街36号 邮政编码 100710)
商 务 印 书 馆 发 行
北京瑞古冠中印刷厂印刷
ISBN 978 - 7 - 100 - 07379 - 0

2010 年 10 月第 1 版　　　开本 787×960 1/16
2010 年 10 月北京第 1 次印刷　　印张 19¼
定价：35.00 元

序

沈国放

　　北大校友周松波博士请我为他即将出版的新书《灵性与理性：中国与西欧企业文化研究》作个序，按理说我不是企业文化方面的专家，本不应班门弄斧，但读了书稿后惊喜地发现该书有许多吸引我的地方，特别是作者竟然是从中西文化差异与融合的宏观角度来研究企业文化的，这激起了我的强烈兴趣。

　　松波博士的人生经历可谓传奇。他是德籍华人后裔，上世纪90年代初在德国波恩大学毕业后放弃了去美国一流大学求学的机会毅然来到中国，并从事了在别人看来没什么"前途"的中国古代经济思想史研究。但他一头扎了进去并取得了一系列重要的研究成果，《企业兵法管理》《商战新论》等专著相继出版。然而正在他学术之路渐入佳境之时，他却又做出了一个令人震惊的举动：辞去了北大经济学院副教授之职转而投身商界。如今，他已是一位成功的优秀企业家，担任着多家颇具规模的公司的董事长。更为难能可贵的是，他一直没有放弃学术研究，十余年来，致力于跨文化管理、兵法在现代管理理论中的移植与应用等研究，并担任着国内和德国一

　　我想说的是,作为一位从小成长于德国的华人,作为一位在中国求学多年并致力于研究中国文化和古代经济思想史的学者,作为一位有着十余年企业领导和管理经验的成功企业家,松波博士显然对中国与西欧文化进而对于两种企业文化有着深刻、独到的理解,他从事这一研究并撰写该著作无疑是最合适的,也是最有说服力的。

　　我希望有更多的理论研究者和企业管理实践者来关注中国与西方,尤其是中国与西欧企业文化的比较研究问题,这对于我国正处于成长中的企业在知己知彼的基础上参与国际经济交流、合作与竞争进而不断发展壮大具有十分重要的意义。希望周松波博士《灵性与理性》一书的出版能带个好头。

中国前驻联合国大使

世界知识出版社总编辑

目　　录

导　论

一、问题的提出

企业文化的概念自 1980 年代在美国被提出以来,已经获得了学界和商界的广泛关注与一致重视。[①] 对于企业文化,中外学者的定义往往见仁见智,难以寻得一个统一的被广泛接受的标准,然而,其基本含义却是一致的,那就是:所谓企业文化,它是一种亚文化,是企业稳定的独特的价值观念、企业精神、行为规范和经营理念的总称。

企业文化的重要性早已不言而喻,全世界已经有越来越多的企业和企业家将企业文化视为企业竞争力的重要内容甚至是企业竞争力的主要源泉。优秀的企业文化,将极大地促进企业的发展,反之则将削弱企业的组织功能。正如《财富》杂志评论员文章所指出的,世界 500 强胜出其他公司的根本

---

① 周松波:《中欧企业文化根源比较研究——论地域和历史文化对中欧企业文化差异的影响》,《理论探讨》2008 年第 4 期,总第 143 期,第 169 页。

欧洲之间的经贸合作。

同时,中国企业正在实施的"走出去"战略在西欧能否成功,在很大程度上就取决于中国企业能否深刻地理解西欧的企业文化,并根据中国与西欧企业文化的不同特点作出适当的调整,进而适应对方的企业文化并促进双方企业文化的融合。能够更快、更准确地把握中国与西欧企业文化的差异并迅速做出良好反应的企业必将比其他企业更容易生存和发展并最终成功地融入欧洲市场。从这个意义上说,本书也将为正在进军欧洲市场的中国企业和企业家(当然也适用于想在中国寻求发展的欧洲企业和企业家)提供某些思路和启示,为中国和西欧企业及企业家提供某些有益的借鉴,这也是本书的重要旨趣。

更为重要的是,学界目前在对比研究中西方企业文化方面已经取得了一些初步成果,包括研究中西企业文化的差异、促进中西企业文化融合等方面的研究成果。然而,专门研究中国和西欧企业文化(无论是研究其差异或其他方面)的成果却几乎没有。① 鉴于对这方面研究的迫切需要与现有研究的严重缺乏之间的矛盾,本书试图弥补这一研究的缺失从而解决这一矛盾。

---

① 到目前为止,笔者还没有发现专门对比研究中国和西欧企业文化的专著,也没有找到专门探讨中国和西欧企业文化的文章。

二、研究综述

目前学术界关于企业文化比较的研究主要集中在中西企业文化比较或中外企业文化比较。围绕中西/中外企业文化比较的基本问题，学术界主要从以下几个方面展开了讨论：

1. 关于中西/中外企业文化差异及融合的研究

学术界主要研究中西/中外企业文化的差异并在此基础上探讨其融合。较有代表性的如陈觅从基本价值观、管理理念、思维方式、决策方式、治理结构以及判断效果的标准等方面对中西企业文化进行了对比，并从文化的特质、文化的互补性和继承性等方面探讨了中西企业文化融合（原文是"相容"）的必然性与可能性、必要性、途径与对策等；[①]司千字探讨了中西企业文化的融合性并做出了一些思考；[②]定雄武在其主编的《企业文化》一书中对美、德、日、中等国的企业文化进行了综述和差异比较；[③]柴红英、赵黎明、杨林等在研究中西方

---

① 陈觅：《中西企业文化的比较及其融合》，《青岛科技大学学报（社会科学版）》2007 年第 2 期。
② 司千字：《21 世纪中西企业文化融合浅析》，《经济师》2002 年第 12 期。
③ 定雄武主编：《企业文化》，北京理工大学出版社 2006 年版，第 257—293 页。

文化差异的基础上,比较了两种文化背景下企业文化的"优劣短长",并提出了建立中西融合的现代企业文化系统应遵循的原则及其要解决的主要问题等。[①]

2. 关于中西/中外企业文化冲突与整合的研究

学术界主要探讨了中西企业文化冲突的概念、原因、表现形式及影响等,同时提出了一些较有影响的关于企业文化冲突演变规律的理论,指出企业文化冲突通常要经历四个阶段,即蜜月阶段、冲突阶段、适应阶段和稳定阶段。同时,学界也探讨了企业文化整合的相关问题。如中国人民大学的吕秋彤、孙洁、薛佳等在研究了跨文化管理理论的基础上,探讨了企业文化冲突与整合的问题,包括企业文化冲突的产生、企业文化整合的必要性与途径、企业文化整合理论、企业文化整合应解决的问题等;[②]彭仁忠简要分析了企业文化冲突以及跨文化企业的文化特征,并对跨文化企业中出现的文化差异与冲突及其形成原因进行了讨论,同时针对跨文化企业的文化冲突,提出了识别不同文化间的差异、发展文化认同、进行跨

---

① 柴红英、赵黎明、杨林:《刍议建立中西融合的现代企业文化》,《科学管理研究》2006 年第 4 期。
② 吕秋彤、孙洁、薛佳:《关于跨国企业文化冲突与整合的中外理论述评》,《企业家天地》2008 年第 1 期。

文化培训、培养跨文化意识以及在企业内部建立共同的价值观和企业文化等应对策略；①周松波提出了合资企业中控制企业文化冲突的一系列应对策略；②刘志迎在其主编的《企业文化通论》一书中研究了企业文化冲突的类型及企业文化变革等问题。③

3. 关于中西/中外企业文化比较的研究

学界主要从价值观、管理理念、企业组织与员工关系、思维方式、组织结构、沟通方式、企业文化心理等多个角度对中西/中外企业文化进行了比较综合的比较研究。如马京生、任慧等在比较了中西企业文化内涵的基础上，总结了中西企业文化的部分特点并研究了中西企业文化的融合趋势；④黄旭东从多个角度研究了中西企业文化的可比性与非可比性的问题，并在比较了中西方社会政治制度的差别、社会发展水平差异以及民族文化的差异的基础上，研究了中西企业文化的共性与差异性问题；⑤蔡昆在研究了跨国企业文化建设的基础

①　彭仁忠：《跨文化企业的文化冲突研究》，《企业经济》2008 年第 5 期。

②　周松波：《试论中欧合资企业文化冲突的应对策略》，《商场现代化》2008 年 6 月（上旬刊）总第 541 期，第 206—207 页。

③　刘志迎主编：《企业文化通论》，合肥工业大学出版社 2004 年版，第 274—288 页。

④　马京生、任慧：《中西企业文化比较研究》，《内蒙古工业大学学报（社会科学版）》1998 年第 1 期。

⑤　黄旭东：《中西企业文化比较论》，《贵州社会科学》1991 年第 8 期。

上,比较了中外企业文化建设的差距;①李存金等分析了美国和中国企业文化的形成与发展,从多维角度对中美企业文化特色进行了比较并总结了中国企业文化建设中存在的不足,探讨了建设具有中国特色企业文化应处理好的若干问题;②刘安、金秀芳等比较研究了中法、中德企业文化相关问题,探讨了中法、中德企业文化差异并试图寻求解决由这些差异所引起的冲突的方法,从而找到一种能够适合中法、中德合资企业的企业文化新模式;③此外,周松波在比较研究中欧企业文化的基础上,将中国企业文化归结为"重情轻法"、"重感悟轻科学"的"灵性主义"文化,将西欧企业文化归结为"重法轻情"、"重科学轻感悟"的"理性主义"文化,进而提出"地域"和"历史文化"是导致中欧企业文化差异的重要根源,认为"地域"导致了中欧企业文化的思维方式和企业家精神的重大差异,"历史文化"则从根本上塑造了两种风格迥异、属性相悖的企业文化。④

---

① 蔡昆:《中外企业文化比较》,《企业家天地(理论版)》2007年3月。

② 李存金、李娟:《中美企业文化比较研究》,《企业文化》2006年第10期(下)。

③ 刘安:《中法企业文化比较研究》,《天津商学院学报》2002年第2期;金秀芳:《中德企业文化之比较》,《同济大学学报(社会科学版)》,2002年第1期。

④ 周松波:《中欧企业文化根源比较研究——论地域和历史文化对中欧企业文化差异的影响》,《理论探讨》2008年第4期,第169—172页。

　　总之,国内学者从多个角度对中西/中外企业文化进行比较研究,已经取得了许多成果,然而,至今还没有学者系统地对中国和西欧企业文化进行比较研究,对于在各自特定的文化背景下中国和西欧企业文化的差异、冲突及融合等问题的研究也很薄弱,特别是对在文化维度理论指导下的企业文化导向问题,以及中国和西欧企业文化的文化导向差异问题的探讨还很缺乏。

三、本书的研究思路及主要创新

　　基于已有研究的薄弱环节,本书拟沿循以下基本思路对中国和西欧企业文化进行比较研究:

　　首先,企业文化是一种亚文化,显然,对企业文化的研究离不开对整个文化背景的探讨。本书在探寻中国和西欧两种文化深刻差异及其形成的渊源之基础上,在中西文化大背景下从基本价值观、思维方式、沟通方式、决策方式、企业组织与治理结构、判断效果的标准以及企业文化心理等多个角度探讨中国和西欧企业文化的差异,论证中国企业文化"灵性主义"特征,及西欧企业文化的"理性主义"特征,以及"地域"和"历史文化"在导致中国和西欧企业文化差异方面的重要性。

　　其次,本书进一步在跨文化管理理论的框架下探讨中国和西欧企业文化问题,尤其是在充分借鉴了文化维度理论的基础上,提出了"文化导向论"的概念和基本框架体系,该框架体系包括六大导向维度:个体—集体导向、人际关系导向、人的活动导向、时间观念导向、事业—生活导向和性情导向。六大导向维度下包含18个小指标维度。在此框架下,本书系统地研究了中国和西欧企业文化在各个文化导向维度上的差异。

最后,本书结合企业文化差异、文化导向等问题研究了中国和西欧企业文化冲突问题,提出"适度企业文化冲突有利于企业经营发展"、"企业家并不是要避免冲突,而是要适度控制冲突"的观点,并从多角度提出了控制企业文化冲突的策略。同时,本书探讨了在控制企业文化冲突的基础上实现中国和西欧企业文化融合,进而建立"和谐企业文化"的问题,为中国和西欧企业及企业家提供某些有益的借鉴。

本书试图作出以下学术创新:

第一,本书避开了学术界关于中西/中外企业文化研究的一贯传统,首次将西欧企业文化作为一个单独研究对象,专注于中国和西欧企业文化进行比较研究,归结了中国和西欧各自企业文化的特点,并总结出两者的主要区别。

第二,本书在借鉴了跨文化管理理论尤其是文化维度理论的基础上,提出了"文化导向论"的全新概念和框架体系,并研究了中国和西欧企业文化在各个文化导向上的差异。

　　第三,本书在全球化与民族文化差异的大背景下研究中国和西欧企业文化的差异、冲突与融合问题,从地域和历史文化等角度深刻揭示了中国和西欧企业文化差异与冲突的根源,并提出了在适度控制企业文化冲突的基础上实现中国和西欧企业文化融合进而建立"和谐企业文化"的观点。

第一章　中国和西欧文化的差异及其形成渊源

一、文化及其结构

文化是人类的产物，人类总是生活在文化之中。周谷城先生说："所谓文化，无论是中国的或是世界的，东方的或西方的，都只能是一个概括的、复杂的统一体，绝不是铁板一块，针插不进、水泼不进的东西。"①正因如此，学术界虽然对于文化概念的探讨已经很多，但仍然难以给出一个准确定义。

在汉语中，"文"与"纹"相通，其本义是指各色交错的纹理；"化"字本义指变化、生成。"文"与"化"并用，在中国古代典籍中最早出现于《周易·贲卦》："观乎天文，以察时变；观乎人文，以化成天下。"因此，汉语中的"文化"一是用做名词，指的是人类精神、智慧、意识及其创造的成果之总称；二是用做

---

①　转引自司千字：《21世纪中西企业文化融合浅析》，《经济师》2002年第12期，第19页。

动词,是一种过程,指以"文""化"之,是指使用一定的方法将文明礼仪引导、教化民众。

在西语中,"文化"一词源自拉丁语 cultura,原来有耕种、掘垦、居住、动植物培育等与物质生活相关的多种含义,从 15 世纪以来逐渐引申为对人的品德和能力的培养。西语中的狭义文化即文学艺术以及学术方面的文化;而广义文化,则是指一个民族的生活方式,包括一个民族的思维方式、风俗习惯、传统等。西方对文化定义引用最多的是霍夫斯泰德(Hofstede)和沙因(Schein),其中,霍夫斯泰德(Hofstede)认为,文化是具有相同的教育和生活经验的许多人所共有的心理程序(collective mental programming)。这种心理程序形成某一地区的人们以某种特殊的方式思考、感觉和行动的心理定式(mindset);沙因(Schein)认为,文化是群体在适应外界和统一内部成员的过程中逐渐形成的不为成员察觉的隐含性假设。人们的行为受这些隐含性假设的影响,一旦这些假设或信念受到挑战,人们便会感受到"文化震荡"(culture shock),从而可能引发文化冲突。①

概括一下中外学者关于文化的各种定义,一般来说,人们对文化的理解不外乎三个层次:第一个层次,认为文化指

---

① 顾庆良、潘瑾、李宏:《文化价值观对跨文化冲突的差异性影响探析》,《东华大学学报(社会科学版)》2003 年第 2 期,第 7—14 页。

人类创造的一切物质财富和精神财富的总和,凡是整个人类环境中由人所创造的那些方面全都属于文化范畴,既包括物质财富,又包括精神财富;第二个层次,认为文化指人类精神文化方面的创造及其成果,包括语言、文学、艺术及一切意识形态在内的精神财富,而不包括物质生产及其器物性、实体性成果;第三个层次,沿袭了传统和现实生活中人们对文化的直观理解,将文化理解为以文学、艺术、音乐、戏剧等为主的艺术文化,是人类"更高雅、更令人心旷神怡的那一部分生活方式"。

将文化的特征总结一下,可以概括为以下几点:

第一,文化是诸多因素的"复杂整体"。这种观点认为,文化或文明,就其广泛的民族学意义来说,乃是包括知识、信任、艺术、道德、法律、习俗和任务以及作为一名社会成员应具备的能力和习惯在内的复杂整体。

第二,文化是人类生活方式的体现。就人类的生存需要而言,文化体现了人类的需求,承载了人类所创造的各种生活方式和文明成果。①

第三,文化是人类进化的手段。杰夫·卡特赖特认为,文化是一种根本性的进化过程,通过文化学习使思想得以发展,这是生存策略的重要成分,它对于那些最适于生存的文化进

① 陈亭楠:《现代企业文化》,企业管理出版社 2003 年版,第 2—5 页。

化起到了促进作用。文化既是人类进化的产物(结果),又是人类进化的手段(过程)。文化特点因其在特定环境中的生存价值而得以优先选择。① 实际上,人类文化体现了人类和平时期和战争时期的全部动力,包括需求、恐惧和愿望。马斯洛提出的人需要生存、安全感、归属感、自尊和自我实现的动机需求理论反映了文化的发展性方面。

第四,文化就是通过思想培养实现进步。从根本上讲,文化是人们通过系统、有序的学习和相互联系而成长、发展的方式。从早期的采集狩猎社会,到定居的农业社会,直至现代科技社会,文化一直是人类进步和发展的手段。随着政治制度、技术水平和农业生产的不断进步,大约在公元前 6000 年出现了最早的民族国家和文明。这些国家的发展进步都受到了文化的剧烈影响。例如,北欧国家在经济发展方面走在南欧、非洲等国家的前面。而十八九世纪的移民活动使北欧的经济活力发生迁移,给美洲的经济注入了活力。今天,文化同样在全球范围内对人类进步和发展起着重要影响。

第五,文化意识是人员管理和个人发展的关键。人类的诸多行为、动机和态度都是由文化所决定的,一个良好的、建立在涉及人类各层次需求、抱负的基本价值观念的基础上的

① 杰夫·卡特赖特著,郁启标、姚志勇译:《文化转型》,江苏人民出版社 2004 年版,第 3—6 页。

文化模式,对于管理者来说是一种具有无限价值的工具,它使得管理层能够最佳发挥员工的作用和潜能。

尽管我们仍然难以对文化下一个十分精确的定义,但我们通常所讲的文化,其内涵和外延却较为明确,那就是:文化是民族生活方式的总和,是"通过某个民族的活动而表现出来的一种思维和行动方式,一种使这个民族不同于其他任何民族的方式"。[①] 它产生于一个人的社会环境,人们所处的国家和地区的文化影响了其行为方式。它具有以下几个特点:

首先,文化是一个群体共享的东西。这些东西可以是客观显性的,也可以是主观隐性的。

其次,文化具有规则性、排他性和互补性等特性。

再次,文化具有历史继承性,它能够通过世世代代相传的不断积累沉淀,形成特定的文化传统。[②]

最后,文化在具有稳定性和持续性的同时,还会缓慢地发生变迁,具有变迁性。

文化的基本结构包括物质文化、制度文化和精神文化(图1—1)。[③]

---

① 本尼迪克特著、王炜等译:《文化模式》,三联书店 1988 年版,第 23 页。

② 徐行言主编:《中西文化比较》,北京大学出版社 2004 年版,第 18 页。

③ 衣俊卿:《文化哲学:理论理性和实践理性交汇处的文化批判》,云南人民出版社 2001 年版,第 72—83 页。

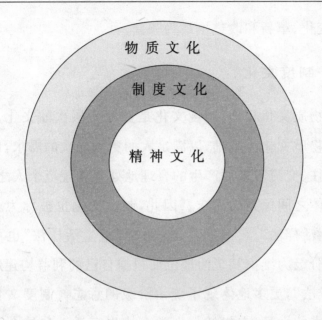

图 1—1　文化结构图

1. 物质文化

物质文化是文化中最基本、最常见的构成部分,主要包括那些直接满足人的基本生存需要的那些文化产品,其基本功能是维持个体的生命再生产和社会再生产。物质文化是外在的、易变的,也是丰富多彩的,因为人的基本生存需要是十分丰富并不断向前发展的。物质文化典型地体现了"人化自然"的特征,它包括所有用于满足人的各种生理和生存需要的、经过加工的自然物品和人造物品,还包括用于生产这些物品的生产工具和生产手段。在文化世界中,物质文化发展速度最快,其变化、革新和改进也最为频繁。

2. 制度文化

同物质文化相比,制度文化是更深一层次的文化。制度文化以物质文化为基础,以满足人的更深层次的需求,即由于人的交往、交流需求而产生的合理地处理和规范个人之间、个人与群体之间关系的需求。因此,制度文化也被称为人类的"规范生活样法"。① 实际上,这种"规范生活样法"也可看做是统治阶级为维护其统治地位而根据自己的利益构建起来的生活"样法",更多地体现了统治阶级的意志。制度文化具有十分丰富的内涵,它包括与人类个体生存活动和社会活动密切相关的各种制度,如经济制度、政治制度、法律制度、企业制度、教育制度、管理制度、婚姻家庭制度等。制度文化在整个文化中占据着独特的重要地位。

3. 精神文化

精神文化是用以满足人们在满足了自身基本生存需要之后,超越这些基本需要而产生的新的需要的文化类别。这是一种具有创造性、自由性和伸缩性的文化,因此在文化的所有

———————

① 这里叫"规范生活样法"是因为著名学者梁漱溟把文化看做"人类生活的样法",因此"制度文化"也可以叫做"规范生活样法"。

层面中也最具有内在性,最能体现文化的超越性和创造性本质特征。精神文化包括人类(包括个人和社会群体)的所有精神活动及其成果,是以意识、观念、心理、理论等形态而存在的文化。精神文化首先包括社会文化心理;其次包括神化、宗教等所代表的自发的精神文化;还包括由科学、艺术、哲学所代表的自觉的精神文化成果。

在探析了文化及其特征、结构的基础上,接下来我们可以进一步探讨中国和西欧文化的基本特征、差异及其形成的渊源。

二、西欧的概念及其演变

经过长达 2000 多年的历史演变,今天,"西欧"已经演变成为一个在不同历史时期具有固定所指的特定概念。

就地理、经济与政治的意义而言,西欧主要指欧洲大陆上的发达国家。如果从整个欧洲文化的历史来看,它可以划分为三个大的文化系统:其一是地中海文化系统,这是西方文化的起源。以地中海区域的国家为主,古代希腊罗马文化就在这里诞生。其二是西欧文化系统,也是所谓的"大西洋文化"的主体。其三是东欧文化系统,欧亚大陆的欧洲东部地区,地跨欧亚两大洲的大国俄罗斯曾经在这里建立起沙俄大帝国的势力范围。

　　在历史上,西欧的概念经历了三次大的变化,范围不断扩充。在东西方历史上,第一个西方是指希腊与爱琴海文明,也包括以后的罗马帝国,这是公元前 5 世纪的希腊波斯战争之后产生的概念。其余的西欧国家只是在罗马帝国时代才真正进入了西方的地理范围。从中世纪开始,西方的概念再次变化,西罗马帝国成了西方的主体,这时的西方已经以西欧地区为中心,原有的地中海文明也逐渐与西欧文明结合了起来。第三次变化则发生于 20 世纪第二次世界大战之后,西方与西欧的概念再次扩大,西欧已经包括英、爱尔兰、法、比、荷、卢森堡等国,并且将北欧的斯堪的纳维亚半岛、德国、瑞士,南欧的希腊、意大利、梵蒂冈、西班牙、葡萄牙、马耳他、列支敦士登、圣马力诺、摩纳哥、安道尔等国也包括在内,共有 24 个国家。主要是从阿尔卑斯山到比利牛斯山的东西方向,从多瑙河到斯维瓦河,再到斯堪的纳维亚半岛的南部。与历史上相比,这可能是范围最广的西欧概念。从这里,我们已可以看出西欧在西方文化中的地位变化与西欧的扩展。

　　文明与文化意义的西欧可以将地理学上的上述 24 国,其范围包括了欧洲的大西洋沿岸地区,这一地区有比较相近的人文、社会与生活习俗。大约从 12 世纪到 16 世纪前后,西方文明中心从地中海地区转移到了西欧地区,以西欧国家为中心,取代了地中海国家的领先地位,建立起大西洋文化,原地中海国家也逐渐融入大西洋文化。西欧地区气候温暖、交通便利,工业化之后与北美洲一起成为世界经济发达地区。

与西欧相联系的是西欧文化。西欧文化是一个历史范畴,其源头是地中海地区的古代希腊罗马文化,但是在中世纪,范围加以扩大。可以说,西欧文化作为西方文化的代表,是一个与东方相对的文化形态,主要指以希腊罗马文化为源头、以基督教为主要宗教信仰、以近现代工业为经济模式的文化形态。

综上可以得出一个基本结论,西欧不是纯粹地理上的概念,本书所讲的西欧是文化意义上的西欧,除了英法等地理学的西欧国家外,还包括北欧的斯堪的纳维亚半岛、中欧与南欧以及伊比利亚半岛,这是一个大的西欧文化概念,也就是所谓的大西洋文化圈。

三、中国和西欧文化的基本特征

1. 中国文化的基本特征

中国文化是在基本独立的情况下形成的。中华民族在漫长的历史发展中,创造出独具风格、绚丽多彩的古代文明,形成世界上仅见的延绵不绝,高峰迭起,不断推陈出新的文化系统。中国文化是在地域辽阔的东半球生成,具有半封闭性,其生产方式以自给自足的小农经济为主,社会组织以宗法—专制政体为主,这使中国文化具有许多独到的特征。中国文化的基本精神大致可概括为四点:一是富有特色的人文精神。中国人文精神最经典的表述就是先秦的儒家伦理。毋庸置疑,"以仁化人、以道教人、以德立人,则是儒家伦理将人'文'化或以'文'化人的根本精神之所在"。二是与西方的分析思维相对应的整体思维方式。中国人注重整合的整体思维方式,研究和观察自然界将客观事物的整体形态作为考察的基本层面,根据事物之间的联系来把握对象,从而得出一种总体的认识。三是强调天人协调,即《易》中的天人协调观,有三点:人是自然界的一部分,是天地自然的衍化产物,但又具有超越万物的卓越地位;自然界存在着普遍规律,人也要服从这种普遍规律;人生的理想就是自强不息、有所作为,以达天人协调的境界。四是强调明"人伦"、讲"执中"、求"执和"的人际关系。"明人伦"就是了解和遵守调节人与人之间相互关系的道德规范,"讲执中"就是要求人们在处理人际关系时要把握一个合适的"度","求执和"就是要求人们之间既要保持和谐的人际关系,又要做到"和而不同"。[①] 具体而言,中国文化具有如下基本特征:

(1)中国文化延绵不绝,体系完备

中国文化虽然不是最古老的文化,但值得我们自豪的是,

---

① 丁守和:《对待中国传统文化的态度》,上海人民出版社1987年版。

在世界上所有古老的文明中,唯有中国传统文化表现出最顽强的生命延续力。正是这种无与伦比的强大生命力和凝聚力,使得中国传统文化成为世界上唯一绵延不绝、延续至今的文化。在四大文明古国中,印度文化因雅利安人入侵而雅利安化;埃及文化先后因亚历山大大帝占领而希腊化、恺撒占领而罗马化、阿拉伯人移入而伊斯兰化;两河流域的文化更是陷入各民族的纷争之中而不断异化;古希腊、古罗马文化因日耳曼族入侵而中断。但是在中国,这种情形则从未发生。

　　自从有了人就开始了文化的创造,中国文化从肇始阶段就由于特殊的地理环境而基本独立发展,经过漫长的历史年代不断自我完善,于坎坷跌宕中创新发展,虽多有曲折和磨难却从未中断。这种文化的延续性是世界上其他任何国家或地区的文化所不能比拟的。中国文化成为古代东方文化的典范,在很大程度上影响了世界文明的进程。在世界文明古国中,诸文明民族创造的文化大都经历过较大的起伏。唯独中国文明是个例外,它始终未曾中断,是世界上"连续性文化"的典范。① 究其原因,则在于中国文化所由产生的农业—宗法社会具有坚韧的凝聚力量,伦理型范式具有强大的习惯势力,

---

　　① 裘士京:《试论中国文化的特征》,《安徽师范大学学报(人文社会科学版)》1999 年第 2 期,第 191 页。

坚守自身传统和体系,具有很大的凝聚力,使中国文化不断调节发展轨迹,顺应时势变迁;另一方面,中国古代文化虽然长时期领先于周边各国,但它并没有自我封闭,而是不断吸纳国内各民族和其他民族、国家的文化精华,在博采众长中走向辉煌。因此,中国文化具有旺盛的生命力,具有无与伦比的延续性。中国文化的这一特征,使其底蕴博大精深。同时,由于历时久远,文化体系完备,文化的各个方面成就斐然,无论是制度文化、风俗文化还是文学、史学、哲学、教育等都十分发达,且各代均有所发展,各文化门类的发展保持完整连续的阶段性形态,这在世界文化史上是少见的。

中国传统文化强大的生命力和凝聚力的成因是多方面的。东亚大陆的特殊地理环境提供了相对隔绝的状态,是原因之一,但绝不是唯一的原因。华夏文化在历史上多数以明显的先进性"同化"以武力入主中原的北方游牧民族,是一部"征服者反被征服"的历史。

在中国漫长的历史发展进程中,中国古代文化虽然未受到远自欧洲、西亚、南亚的威胁,但也屡屡遭到北方游牧部落的军事冲击,如汉代的匈奴,十六国时期的"五胡乱华",宋元时期契丹、女真、蒙古人接连南下,直至明末满族入关。这些勇猛剽悍的游牧民族虽然在军事上大占上风,甚至建立起强有力的统治政权,但在文化方面,却总是自觉不自觉地被以华夏农耕文化为代表的先进的中原文化所同化。匈奴、鲜卑、突厥、契丹、女真、蒙古等游牧或半农半牧民族在与先进的中原文化的接触过程中,几乎都发生了由氏族社会向封建社会的过渡或者飞跃。军事征服的结果,不是被征服者的文化毁灭与中断,而是征服者的文化皈依和进步,这是中国传统文化的一大特色。而在这个过程中,中华传统文化又多方面地吸收了新鲜养料,如游牧民族的骑射技术,边疆地区的特产、技艺等,从而使古老民族增添了新的活力。

中国历史上各民族的融会与亲和在世界上也是少见的,它曾令世界上许多著名的学者称羡不已。英国历史学家汤因比在 1970 年代初,曾与日本学者池田大作有过一次著名的对话,在这次对话中,他指出:"就中国人来说,几千年来,比世界任何民族都成功地把几亿民众,从政治上文化上团结起来。他们显示出这种在政治、文化上统一的本领,具有无与伦比的成功经验。"这种思想也同样体现在他的名著《历史研究》之中。①

(2)务实精神,崇尚中庸②

务实是农民的基本特点,在文化上自然也就强调实用。中国古代与生产、生活直接有关的学科因备受重视而发达,如

① 〔英〕汤因比著、曹未风等译:《历史研究》,上海人民出版社 1997 年版,第 2—5 页。

② 裘士京:《试论中国文化的特征》,《安徽师范大学学报(人文社会科学版)》1999 年第 2 期,第 192—193 页。

农学、天文(历法)学、医学等传统学科成果丰硕,许多领域在当时居世界领先位置;人文科学方面历史、文学、教育等也非常发达;与人民生活直接相关的实用型的生产技术如制瓷业、造纸业、丝织业、冶炼业、酿酒业、制盐业、玉石加工业工艺水平高超,产品远销国外。但是,中国自古纯科学性的玄想,不以实用为目的的探索和比实用更深层次的研究则薄弱得多。即使有人做了一些这方面的努力,也得不到支持和理解,最终无所作为。中国文化的精髓是儒家的思想,中庸之道是儒家倡导的重要主张之一。中庸之道实际上是以平和稳定为旨趣的农人和农业自然经济的产物。中庸尚调和,主平衡,反对走极端,提倡择两用中。中庸之道被认为是中国式的智慧特征,体现在政治上裁抑豪强,平均权力和田产;体现在文化上,则是在多种文化交流时,能够异中求同、求同存异;体现于风俗,则不偏不颇,同于一体。崇尚中庸和温良谦让是君子的美德,倡导人与人之间谦和礼让,藐视巧言善辩之人,敌视以力相争、无故侵扰之人。创造这种文化的民族企望宁静平静的生活,反对以强凌弱、以众欺寡、穷兵黩武式的战争贩子。这种文化熏陶下的民众热爱和平,向往田园式的宁静生活,不会轻易发动战争,但当敌人将战争强加在他们头上,需要保卫家园时,他们会毫不犹豫地前赴后继,甘洒热血。

(3)重整体,倡协同

中国文化是典型的群体文化,在这种文化熏陶下的中国人在行动时非常重视整齐划一。孔子提倡的"礼",一个明显的特点就是抑制个性。孔子强调实践"礼"的根本目的是恢复周礼,使整个社会安定和谐;要求用仁的思想,使整个社会平衡,不允许个人利益破坏整体的平衡,要求个人反省内求,调整自己,抑制"邪念恶行",要做到"非礼勿视,非礼勿听,非礼勿言,非礼勿行"。

在中国长期的封建社会,实行的是宗法等级专制统治。在这一体制中,"群体本位"的真实含义就是"家族本位"。国不过是放大了的家,个人完全从属于家庭、家族和其放大意义上的国。"家长主义"是这种族群主义的实质。作为最大的"家长",皇帝雄踞金字塔型权力结构的顶端,天下乃一人之天下,"普天之下,莫非王土;率土之滨,莫非王臣"。所有个体包括各级官僚,仅仅是君主实现其个人目的、满足其个人需要与欲望的手段。而各级官僚与其"子民",家长、族长与其家族成员的关系,也大致与此相类似。

在中国传统社会中,这种族群主义要求每一个人都"忘己"、消融于群体之中,却并不主张平等,而恰恰是要保持等级。结果必然是依等级、辈分形成普遍的"下对上"的人格从属关系、依赖关系。比如"三纲五常"就最能说明问题。正如陈独秀曾指出的:"儒家三纲之说,为一切道德政治之大源:君为臣纲,则民于君为附属品,而无立自主之人格矣;父为子纲,则子于父为附属品,而无独立自主之人格矣;夫为妻纲,则妻于夫为附属品,而无独立自主之人格矣。率天下之男女,为臣,为子,为妻,而不见有一独立自主之人者,三纲之说为之也。缘此而生金科玉律之道德名词——曰忠,曰孝,曰礼——皆非推己及人之主人道德,而为以己属人之奴隶道德也。"①概而言之,这种族群主义及其道德,无外乎以维护"别尊卑、明贵贱"的等级制度为本义,它是不主张人的独立自主性和主体意识的。

重统一、轻多样,这也使国人从众心理十分普遍。说话做事最好随大流,即使做坏事,因为"罚不责众",也可能逃脱惩罚;反过来,扼杀冒尖,害怕与众不同,对于有个性、有能力之人,则"枪打出头鸟",使"出头的椽子容易烂"。久而久之,在这个和谐的社会氛围中,就较少能产生个性鲜明、特点突出、充满阳刚之气的民族性格。

(4)非宗教性,重现世轻来世

中国文化具有明显的非宗教性。中国文化的非宗教性特征突出地表现为以道德为本位的人文精神。中国文化人文精神的基本内容是:一是重人轻神:"吾闻之,国将兴,听于民;将亡,听于神。神聪明正睦而壹者也,依人而行。"②二是于人格化的神之外阐发、追求不朽:"太上有立德,其次有立功,其次

---

① 陈独秀:《陈独秀著作选》(第1卷),上海人民出版社1993年版,第172页。

② 《左传》庄公三十三年。

有立言,虽久不废,此之为不朽。"①三是近人事,远鬼神。所有宗教从本质上说,都是基于对人类现状的一种否定,并且往往以人自身为污秽和渺小,从而设定一个凌驾于人类之上的超越者、绝对者、彼岸世界,以此作为人类专一的归依,但这些均不构成中国文化的主旨。儒家和道家都不说死后世界,如孔子说,"务民之义,敬鬼神而远之"、"未能事人,焉能事鬼"、"未知生,焉知死",还有如"天行健、君子自强不息;地势坤,君子厚德载物",庄子"天地与我并生,而万物与我为一"的精神境界对后世均影响甚远。中国文化的非宗教性特征,一方面由儒家的人精神所决定;另一方面,又有道家自然主义作为补充,以老、庄为代表的道家所创立的宇宙本体论。

儒家强调现世的功名,把通过正常途径获取功名利禄、荣华富贵作为终身奋斗的目标,鄙视投机取巧和玩弄阴谋诡计的小人,体现了中国人重现实、重人事的精神。对古代宗教,中国文化兼收并蓄,在百余种曾经流传过的各式各样的宗教中,佛教与道教是古代中国宗教的主体。与许多地区和国家不同的是,宗教并没有主宰中国的一切,中国也从没有陷入宗教迷狂,纯宗教性的冲突和战争几乎没有发生。道教是中国土生土长的宗教,具有鲜明的"中国特色",它与世界上许多宗教把希望寄托在来生,虚构"天堂",鼓吹死后灵魂不灭不同,

① 《左传》襄公二十四年。

道教鼓吹乐生、重生。道教认为现实生活乐趣无穷,它引导人们如何享受生活,追求精神的超越、肉体的康宁,直至长生不老。因而道教讲究修炼养生之术、飞天成仙之术,一句话,道教重现生、轻来世。道教在某些方面浓缩了中国文化的因素,从积极的方面看,中国文化熏陶下的中国人的人生观是奋发向上的。当然,中国重人事并非尊重个人价值,而是强调对宗族和国家的义务,强调对国君的效忠。对君主和国家而言,企求长治久安亦不能不考虑民生,只有百姓安居乐业,才能为朝廷提供赋役,从而保障社会的稳定。因此"民为邦本"的民本思想时有体现。

(5)重道轻器

在中国文化尤其是古代哲学中,"道"是一个最高范畴。老子说:"有物混成,先天地生,寂兮寥兮,独立而不改,周行而不殆,可以为天下母,吾不知其名,字之曰道,强为之名曰大。"作为"天下母","道生一,一生二,二生三,三生万物。"尽管老子说"道可道,非常道"——道是不能用我们通常的语言来描述的,但仍可看出,这个"道"有点像是包罗万象的统一性,是先天地之生的万物本原,或一切事物永恒规律的代表。孔子和儒家很少讲这样的"天道",却并不否认"天道",他们主要讲伦理政治哲学,是将其落实为"人道"——人世的最高原则、治国的根本原则。

"形而上者谓之道,形而下者谓之器。"与"道"相对的是

"器",指各种派生的、有形的或具体的事物。所谓"道",即"形而上者",是万物与人性之本原,是治理国事之本;作为一种学问,"道"是"一语已足包性命之原,而通天人之故"的原理之学。所谓"器",即"形而下者",是万物,是有利于物质发明和实际生活之末;作为学问,指一切光学、化学、数学、天学、地学、电学等"后天形器之学"。

在追求根本、注重高远的人看来,就应该重本轻末、重道轻器。这是自老子、孔子以来的一个传统。在人生原则方面,孔子早就明确主张"君子谋道不谋食"、"君子忧道不忧器",讲究"安贫乐道"、"孔颜乐处",即使处在"一箪食,一瓢饮,在陋巷,人不知"的境地,也不改其志。积极地理解它的意义,在于强调求道是生命的意义和价值所在。"朝闻道,夕死可矣。"

关于道和器的关系,重道轻器的人们强调要"以道御器"——要让"器"服从于"道",服务于"道"。"庖丁解牛"这个十分著名的比喻,表达了他们对道本器末的理解。这一比喻力求告诉人们,"以神喻、不以目视"(用心从精神上把握,不靠用眼睛去看)的"道",是比技艺("器")更高明的境界。就是说,掌握了大道的人,天机藏于内心,善于精细地体察安危,能够高屋建瓴,可以凭借"运用之妙",平静地顺应吉凶,达到目的。这显然是一种非常理想化的状态,一种极高的水平、极高的境界。

但是由于重道轻器,又把道仅仅理解为"大道理"和道德原则,似乎只有搞政治、讲道德才是重道,而关心经济、研究科学技术等都与道无关,因而导致了中国传统文化轻视科学技术、生产创新等弊病,甚至说技艺是"小人"的事业,为君子所不齿,视之为"奇技淫巧"、"雕虫小技"。《礼记·王制》说,"凡执技以事上者","不与士齿";"作淫声、异服、奇技、奇器以疑众,杀"。受这种观念的影响,科学研究在中国长期没有得到统治者应有的鼓励和重视,特别是自近代以来,没有产生中国的现代科学、实验科学。这不能不说是一个极大的损失。

毫无疑问,"重道"本身是非常重要的。道是指根本道理、方向、道路、原则等大问题。这些问题不解决好,当然就要犯大错误,出大问题,吃大亏。所以做事必须重道,对这一点任何时候都不能轻率。从历史上看,当"重道"原则被加以抽象片面的理解,并且被绝对化的时候,往往比只知"重器",即只从眼前现实出发、目光有些短浅但脚踏实地的思想境界还能够造成更大的危害。

2. 西欧文化的基本特征

西欧文化由希腊、罗马、基督教三种特点完全不同的文化传统组成。由于西欧文化来源的多源化,使西欧文化与中国传统文化有着截然不同的特点及基本精神。

（1）科学精神

与中国文化的人文传统有所不同的是西欧文化传统中科学精神占主导地位，正如康有为所言，"中国人重仁，西方人重智"。海洋的惊涛骇浪所带来的生存危机使古代希腊人产生了与自然对立的观念。这一方面引起了他们对超自然神秘力量的膜拜和畏惧，另一方面也引起了他们征服自然的雄心。而驾驭和征服自然的先决条件就是认识自然规律，爱智、求知成了希腊人乃至整个西方人的共同价值取向。

西欧文化的科学精神主要体现在三个方面：理性精神、客观态度和探索真理的执著。①

理性精神是西欧文化精神的核心。它表现为承认客观自然世界的可认知性，在各个领域中对形式逻辑的推论和证明法则的普遍遵从，在科学和学术活动中对概念、范畴的建立和理论抽象的偏好，对真理的虔诚信念以及在日常行为方式中的工具合理性原则。一般认为西方文化的支柱有三——科学、法律、宗教。从这三方面我们都不难发现理性精神对西方文化的深刻影响："希腊人的文化是第一次被放在以知识为首位的基础上……他们没有什么不敢去探究的题目，他们认为没有应排斥在理性领域之外的任何课题。思想凌驾于信仰之上，逻辑和科学凌驾于迷信之上，达到了一个前

① 　徐行言主编：《中西文化比较》，北京大学出版社 2004 年版，第 78 页。

所未闻的程度。"①

科学精神还表现在对待事物的客观态度上,西欧人为了实现驾驭和征服自然,强调充分尊重物质世界的客观规律,在科学研究中则表现为注重实验与实证。在逻辑推导和抽象思辨之外,他们还把观察和经验作为获得知识的重要途径。

科学精神中同样包含着对科学真理不断追求探索的执著态度,不盲从传统,不迷信权威,不满足于现有的经验和结论,敢于用怀疑的眼光去审视旧有的一切观念和成就,甚至会怀疑自己。他们把真理当作一个不断认识的过程,强调真理的相对性而从不承认所谓的终极真理。正如著名物理学家波普尔所言:"在经验科学中,我们从来没有充分可靠的证据来声称我们已经得到了真理,但我们能够以有力而相当可靠的证据声称,我们已经在向着真理进步。"②

西欧文化的科学性,不仅使西欧建立了全套科学体系,而且它对整个西欧的文化也产生了非常重要的影响。相对于中国式的重义轻利、以善为美的"贤人作风",西方文化明显地显现出爱智、求真的智者气象,认为美德即知识。西欧文化可以接受一个有道德缺陷的智者,相对的中国人则更愿意容忍一

---

① 拉尔夫等著、赵丰等译:《世界文明史》第一卷,商务印书馆 1987 年版,第 346 页。

② 波普尔:《客观知识》,引自刘大椿:《比较方法论》,中国文化书院 1987 年版,第 69 页。

个平庸的好人。在中国文化中,对一个人最高的评价,即是在盖棺论定时说"这是一个好人",而西欧文化则是给那些先哲一个"智者"的封号。

(2)民主性

民主性同科学精神一样,来源于古希腊文化。古希腊地处交通要冲,地理环境多山而且土地贫瘠,这使得希腊人不得不早早就开始经营海上贸易,以弥补土地出产的不足。贸易的发展把个体的观念推广到社会,带来民主观念的深入人心,由于商业的原则是等价交换,而等价交换的前提则是交换双方都有自由意志,自由意志的前提是交换的双方都是平等的人,这就决定了他们的政治生活特点,即求自由、求平等、求民主。而在中国传统的农业制度下,人与人之间等级森严,平等交换基本上不可能。如《卖炭翁》的故事中,老人之所以一车炭在寒冷的季节只换来装饰性的红绸,就是因为对方是皇宫的太监,地位的不平等造成交易的不等价。

海上生涯的冒险性质还造就了海洋民族爱冒险、能创新、喜探索的特点,这就明显区别于"脸朝黄土背朝天"的中国农业文化。不被束缚于土地上就少了家族观念,不盲目尊崇长辈,而是尊崇在航海中有能力的青壮年,尊崇通过航海贸易得到许多财产的人。这些都是西欧早期文明中民主观念得以产生的原因。

西欧近代民主政体的产生与欧洲封建制度发展不充分也

有密切关系。在西方的中世纪封建贵族分裂割据的时代，不少农奴因为种种原因逃亡到割据势力统治较弱的关津要道，从事手工业和商业活动，并逐渐建立了城市自治制度。这些城市首先通过武装斗争或金钱赎买的方式从贵族的统治下解放出来，获得城市自治权，继而与王权结盟，逐步扫平封建贵族割据，建立起君主专制中央集权的民族国家。在这种国家中，专制君主仰仗着市民手中的金钱养兵打仗，于是市民阶级就有可能利用议会与王权相对抗，并在打倒王权之后能够建立起代议制的民主政体。另外，由于西欧社会长期处于分崩离析的状态中，思维方式有冲破种种框框的创新精神，较少有以权威为当然依据的思维定式，较多对权威的怀疑和挑战精神。这可以说是民主性在思维方式中的表现。

(3)崇利尚力

所谓"利"，即利益；所谓"力"，即力量、竞争。以个体商业活动为经济基础的西欧文化始终把"利"和"力"看做正常价值，鼓励人们追求利益且引导通过公平竞争获取利益。要在竞争中获胜，就必须击败对手，这既需要有实力作为后盾，还需具备敢于拼斗的冒险精神，由此形成了西欧崇利、好斗、尚争的民族性格和文化精神。主要表现在[1]：

---

[1]　详细探讨参见徐行言主编：《中西文化比较》，北京大学出版社 2004 年版，第 93—99 页。

一是功利主义道德原则。与中国文化中的"先人后己"、"利他"等要求不同,西欧人奉行利己主义道德原则。对他们而言,尽可能趋利避害,追求自己的最大幸福便成为无可非议的人生目标。

二是强烈的竞争意识。利己主义和功利主义原则的确定,商业社会经济活动中的利益冲突及商品价值的动态性,由于缺乏可以永久依赖的亲族组织和其他社会力量而导致的生存危机……所有这些都给他们造成了一个激烈动荡的生存环境,他们必须不断奋斗,才能获得良好的生存条件并提高社会地位。竞争的失败者,则可能在一夜之间失去家庭和财产。西欧人的竞争意识正是在这样的环境和条件下培养起来的。从商业竞争到战争的对抗与征服,西方人的竞争意识发展成为了好勇尚武的冒险精神。

三是对力量的崇拜。与中国文化宣扬的以德服人、以礼治国的模式不同,西欧人在个人竞争和民族战争中都奉行以力服人的强权统治战略,因而实力成为西方人在激烈竞争中建功立业的基本条件,形成了西欧文化中力量崇拜之传统。

(4)重法轻情

中国传统文化是以德治天下,而西欧文化是以法治国。在西欧,法律是神圣不可侵犯的;而在中国则有时情比法大,法不责众。

在西欧国家,从古希腊开始,由于交通便利,几乎没有人固守家园,所有的人如果对自己的生存状态不满意,都可以另外寻找生存地点。人员的流动,自然带动商业高度发展,而商业的发展又带来个体意识的突出,于是经济观念日益普及。人人都想在商品交换中取得最大利益,于是在肯定对利益追求的合理性基础上,就要制定相应的规则,而这些规则最后确定为法律。法制观念的深入人心,正是现代西方政治的成功之处。可以说即使在发达的资本主义国家,也有腐败产生,但如果法制健全,就可以把这种腐败压到最低点。与其相对的中国传统社会在义与利的关系上,"重义而轻利",强调通过"仁"达到人内心、内在的自我约束,叫做"内圣",即通过自我陶冶,使内心充满神圣感,达到自我约束的目的。中国的这种内省式文化,造成中国法制不健全。中国式的德治靠的是大家自身的修养,缺乏有力的制约机制,其结果必然是人治,这也是长期以来中国社会最大的弊病。

情、理、法在中国与西欧的人际关系互动和社会秩序整合中,其作用显然有所不同。在中国情为基础、理为本、法为末,在西欧则是理为本、法为用、情为末。法治精神是理性精神的直接体现,而纯粹的理性精神则是排斥情感的。在西欧文化中,理性主要被看做是认知性的纯粹理性,具有某种普遍化、形式化的特点。它强调了理性与情欲的对立,由此也维护了理性的纯粹性。中国人似乎是最讲理的,但这种理却是以情为基础的情理,情、理、法的次序,显现"情在理先、法在理后"。

西欧文明发展的一个重要结果就是广泛而日益密切的世界联系的建立。今天,这种联系的紧密程度已达到可以把世界称之为"地球村"的程度。在这种情况下,自我封闭、因循守旧、孤芳自赏、以大国自居是没有出路的。但另一方面,今天的世界仍是一个多民族多国家激烈竞争的世界,为了在这样的世界上自立自强,各民族都应注重发扬自己的民族主体意识,保持自己民族的主体性,珍视自己的传统文化。在探讨了中国和西欧文化的特点与基本精神的基础上,我们可以来比较二者的主要差异及其形成的渊源。

四、中国与西欧的文化差异

中国文化与西欧文化是世界文化中两个不同的体系。由于地理环境、历史背景、发展历程以及其他因素的不同,中国人和西欧人在生活方式、价值观念和文化心理特征方面都存在显著差异。

1. 一元文化与多元文化

中国文化的形成可以说几乎是一元的,自始至终是一个文化传统沿袭下来的。从古至今,虽也遇到外来文化的强烈冲击,但中国文化从未崩溃过,而是不断吸收和融合外来文化,形成更为丰富的统一体。与之相比较,西欧文化在其形成的过程中具有多元的特征,是多种文化交会融合的产物,文化的传统不断地发生着变化,旧的文化传统不是灭亡了,就是被转移到新的文化之中,西欧文化在其发展的过程中,经历了众多的文化冲突。

中国文化很早就已经形成了统一的局面,几千年来文化的主流从未中断过。春秋战国时期,虽有短暂的分裂局面,但文化形态并未产生裂变。随之而起的秦汉帝国,建立了政治上、思想上高度统一的中央集权专制王朝,为中国文化的统一奠定了基础。几千年来,在始终保持自身特色的同时,中国文化不断地吸纳、综合并同化外来文化,从而使中国文化传统更加丰富和具有适应力。而西方文化的来源是多元的,是多种文化长期交融的结果。今天西欧英、法、德的文化思想冲突频繁,究其原因,恐怕正是这种文化多元的结果。

2. 人文传统与科学精神

所谓中国文化具有"人文传统",是指中国全部传统文化的核心价值都是围绕人的社会存在而建立起来的,它并不刻意于宗教和神灵的寄托,也不追求纯自然的科学知识体系,而是专注于人的社会关系和谐和道德人格的完成。[1] 这里所讲

---

① 徐行言主编:《中西文化比较》,北京大学出版社 2004 年版,第 72—74 页。

的人文传统与西欧文化中自文艺复兴以来所倡导的人文主义
和启蒙主义的人道精神并非一回事。后者的要义是把人的地
位提升到与神和自然之上的中心位置,强调人性,强调人的主
体价值和人权、平等等个人价值。① 杜维明认为,作为中国人
文传统代表的儒家人文精神主要体现于四个侧面:"第一个侧
面是个人的问题,也就是人的主体性问题;第二个侧面是群体
的问题,群体就是能从家庭到国家所展开的各种公共领域;第
三个侧面是自然的问题;第四个侧面是天、天道的问题。"②

　西欧文化的科学精神主要体现在三个方面:理性精神、客
观态度和探索真理的执著。③ 科学精神是借着抽象的符号,
利用分析的、实证的方法对事物做理智的了解,目的在于寻求
真理。科学的方法以分析为主,科学分析是理性的思维活动,
它是以逻辑思维为特征的。逻辑思维是人们所熟知的,广义
地说,它包括人类的一切认知形式,即通常所说的感性认识形
式——感觉、知觉、表象和理性认识形式——概念、判断、推
理。西欧文化自古以来就非常崇尚理性思维,爱因斯坦在总
结西方文化的成就时曾说,西方科学的成就应归功于两大因
素,即亚里士多德创立的形式逻辑和近代兴起的科学实验活

---

① 徐行言主编:《中西文化比较》,北京大学出版社 2004 年版,第 72 页。
② 杜维明:《儒家人文精神与宗教研究》,载《理性主义及其限制》,三联书
店 2003 年版,第 231 页。
③ 徐行言主编:《中西文化比较》,北京大学出版社 2004 年版,第 78 页。

动。对此,马克思也总结道:"科学是实验的科学,科学就在于用理性方法去整理感性材料。归纳、分析、比较、观察和实验是理性方法的主要条件。"①

3. 礼制与法制

中国和西欧文化的价值选择与规约方式有着不同的倾向。中国人崇礼,礼的基础是等级秩序和道德约束,因此作为主流意识形态的儒家思想将德治作为政治的最高理想;西欧人则倡法,法的核心是制度约束和权利平等。因此自罗马帝国以来,建立稳定有效的法治秩序一直是包括西欧人在内的整个西方社会追求的重要目标。

中国的礼是一整套以外显的意识与规范程序确定下来的处理社会关系的基本原则和方式,其背景是以血缘谱系为前提的宗法观念和等级秩序,基础是以宗法管理和道德约束为手段的德主刑辅之治。② 与礼制相伴随的是"人治"。中国文化中的人治色彩异常浓厚且根深蒂固。"人治"是由"礼治"和"德治"衍生出来的。儒家始终坚持"人治"的观念,其基本论点包括:"为政在人",即政治的好坏取决于统治者,特别是最高统治者个人的好坏。国家的治乱既然等于统治者个人的贤

---

① 《马克思恩格斯全集》第 2 卷,第 163 页。
② 徐行言主编:《中西文化比较》,北京大学出版社 2004 年版,第 224 页。

与不贤,其结论也就必然"为政在人","其人存则其政举,其人亡则其政息"(《礼记·中庸》);"有治人,无治法"(《荀子·君道》)。荀子是先秦儒家中最重视法律及其强制作用的。但就"人"与"法"在治理国家上所起的作用来比较,他仍然认为关键是"人"而不是"法",因而提出了"有治人,无治法"的著名论断。可见中国文化中"人治"观念多么深厚。

西欧文化从一开始即强调制度化的法治是社会规范体系的基础,因为法律的功能是辨明是非善恶并予以对等的惩戒。法治观念始于古希腊的梭伦变法,至亚里士多德时已经理论化。亚里士多德明确主张"法治高于一人之治"[1],并认为:"法治应包含两层意义:一旦成立的法律获得普遍的服从;而大家所服从的法律又应该是制定得良好的法律。"[2]这就要求,国家的一切权力皆应来源于法,而且要依法行使;而法律本身应当以"尊重人性尊严"这一崇高价值为基础。[3] 与中国文化中的人治截然不同,西欧文化中的法治的第一要义就是法律被普遍遵从,法律面前人人平等,法律具有至高无上的地位。正如卢梭所说,"尊重法律是第一条重要的法律。我要这样地服从法律,不论是我或任何人都不能摆脱法律的光荣的束缚"。[4]

---

① 亚里士多德:《政治学》,商务印书馆 1998 年版,第 167—168 页。
② 同上书,第 199 页。
③ 周天玮:《法治理想国》,商务印书馆 1999 年版,第 81—82 页。
④ 卢梭:《论人类不平等的起源和基础》,商务印书馆 1962 年版,第 51 页。

4. 和谐的"静"文化与对抗的"动"文化

在人与自然的关系问题上,中国文化比较注重人与自然的和谐统一,也就是崇尚"和谐";而西欧文化强调征服自然、战胜自然,即崇尚"对抗"。中国文化主"静",从而形成了天人感应的自然观、人际和谐的社会观;西欧文化主"动",从而形成了征服的自然观和竞争的社会观。

中国的和谐文化在长时间的发展过程中形成了一个完整复杂的体系——以人为本位,以群己和谐、天人和谐为最高价值原则的多元取向体系,即以儒家的道德取向为主导,以墨家的功利取向和法家的权力取向为两翼,以道家的自然取向为补充,主要表现在:人贵于物,义重于利,德高于力,群己和谐,天人合一,义重于生,德高于智,理贵于俗,大公无私。[①] 儒家以和谐作为最高价值准则,孔子很早就提出了"和为贵"的命题。在"和"的基础上,中国人进一步提出了大同社会的构想,期盼实现天人合一,社会和谐。

在西欧,斗争与对抗则一直被推崇和鼓励。征服自然、战胜自然的观念在西方文化中深入人心,以至于西方历代的思想家都不愿花力气去讨论这个问题本身,而将精力和热情倾

---

① 贺毅、苏峰主编:《中西文化比较》,冶金工业出版社 2007 年版,第 338—339 页。

注到如何征服自然、战胜自然方面。培根的名言"知识就是力量",就是这种精神的最好体现。人们追求知识、研究科学、探求自然界规律,目的就是要在行动中支配自然。西欧极为兴盛的"力的崇拜"和对科学技术的热烈追求,对西方科学技术和工业的发展产生了巨大的推动作用。

东方文化是动中求静,而西欧文化是静中求动。动中求静表现出来的生活态度是消极、苟安、保守、因袭和谦让的,而静中求动则相反:积极的、突进的、进步的、创新的和竞争的。中国人则希望对立双方彼此和解,天下太平;西欧人往往会主动寻找挑战对象进而加以征服。所以东方所追求的是多元化的协调,希望能取长补短,互相提高,和平共处。而西欧在承认世界多元化的同时,强调要通过竞争,消除异己,战胜对方,最终目标是走向一极化。中国是一个主静的民族。主静的思想往往会带来惰性,不愿创新,不愿竞争,如在择业时,多数人喜欢比较稳定的工作,很少做承受各种风险的准备,心理素质相对脆弱;在企业内部,盛行平均主义,却不习惯于竞争气氛;在企业之间,看到他人的辉煌,不是另寻机会发展自己,却是不遗余力地挖别人墙脚。而西欧动中求静的思想体现在企业管理中就是对企业各方面的改良创新永无止境,在这种思想的指导下,他们认为企业的任何部分都需要定期检验,寻找创新机会。同时,西欧人奉行实用主义,在评价任何工作环节是否需要变革以及如何变革时,多以最终效果作为评价标准,很少注意到达到这一效果的过程即形式,西欧人坚信没有好的效果,任何美好的创新规划都是毫无意义的。

5. 整体与个体

中国文化强调天人合一,情景合一,知行合一,诸权一统,造就了两千多年的"大一统"观念。整体观念在日常生活中有着诸多体现,其重要体现之一就是强烈的家族本位。中国的家族范围很大,关系也很密切,家族有公产,个人无私产,家长对于家族财产,只有管理权,而不具备私有权。[①] 整个家族的成员之间荣辱与共:一人对家族有功,则全家族备感荣耀,一人对不起家族,则全家族都感到羞耻。"一人犯法,株连九族",便是这种关系被推向了极致的反映。这种整体观念带来的后果就是忽视个体、个性,这就使得中国传统文化强调义务与责任,轻视个体的权利,其最高体现就是强调国家、集体利益高于个人利益的集体主义精神。

西欧文化中个体主义、自由主义的哲学观念将个体、个人作为社会中的价值元点和逻辑元点,反映在民法上就是权利本位观念。[②] 西欧文化坚信"人生来是平等的",所以个人主

[①] 王玉芝:《中西文化精神》,云南大学出版社 2006 年版,第 239—253 页。

[②] 张忠利、宗文举:《中西文化概论》,天津大学出版社 2002 年版,第 267 页。

义思想由来已久。工业革命以后，机器代替人力，分工更细，给个人创造了更大的活动空间，可以任由个人进行自由交易、自由缔约、自由竞争，因此，个人主义更加昌盛。西方所提倡的国家主义，实际上都是以个人主义为根本，人人自立、人人自强、人人富裕，国家也就繁荣昌盛起来。另外，西方以工商业立国，自古以来，百姓就喜欢迁徙从商，不怕背井离乡。西方的家庭组织一般都比较简单，以夫妇为中心，子女婚嫁，就离家而另立门户。父子夫妇，各有其私人财产，权利界限分明，不可相互僭越。这种强烈的个人本位观念与中国文化中的整体观念显著不同，且深入到了西欧人生活的每一个角落。

6. 直觉、模糊思维与逻辑、精确思维

思维方式是人类文化的重要组成部分，是人类文化现象的深层本质，属于文化现象背后的、对人类文化行为起支配作用的稳固因素。人类思维方式可以分为逻辑思维和直觉思维两种基本类型，前者属于理性思维方式，而后者属于感性思维方式。中国和西欧文化在思维方式方面有着明显差异，中国文化注重直觉思维，而西欧文化更注重逻辑思维。具体而言，中国文化的直觉思维讲求"悟"，主体在经过充分准备之后，受到某种偶然的、看起来似乎不相干的因素的刺激，突然一下大彻大悟，认识发生质变与飞越，其过程如电

光火石,瞬间完成。① 而逻辑思维则是包括西欧在内的西方文化中的占统治地位的思维方式,西方人认为逻辑是获得真正可靠的知识的方法与工具,人们必须要掌握这种工具与方法,才能进行科学和哲学研究。

同时,中国与西欧文化各自主张直觉思维、逻辑思维所带来的必然结果就是,中国文化具有模糊特征,而西欧文化具有精确性。直觉思维超脱了概念思维精确性要求的限制,它追求的是整体、绝对的知识,而非部分、有限的知识,它注重定性知识而非定量知识。② 由于不注重量化,致使中国文化具有强烈的模糊性,例如天、道、气、理等概念都具有模糊特征;逻辑思维则正好相反,其重分析、分解,更注重定量分析,从而使西欧文化具有精确性、严密性、唯一性和缜密性。

中国文化注重综合观察,寻求直觉顿悟;西欧文化侧重具体分析,抽象推理。中国思维的特点首先在于其整体性与重视综合的倾向。中国古代历朝都是以皇帝为中心的政治、社会体系和伦理观念,是大一统的形式。中国人写文章注重文章的连贯性和整体的一致性。中医看病也是通过望、闻、问、切从而注意全身的综合症状。同时,中式思维多是直觉的,如中医看病,其把脉、抓药,甚至熬药的时间、吃药的多少并没有

---

① 徐行言主编:《中西文化比较》,北京大学出版社 2004 年版,第 147—150 页。

② 王玉芝:《中西文化精神》,云南大学出版社 2006 年版,第 111—135 页。

严格的定量,全靠直觉和经验。中国的烹饪也多用模糊的概念,如放盐"一勺",并不会规定多大的勺,或"适量",就更加模糊了。中国的绘画艺术重在写意,注重整体的神与意境的传达,其直觉思维可见一斑。西式思维的特点是其实际性与注重分析的倾向。近代实验科学的始祖培根创立了归纳法,强调观察事实与实验分析,主张用归纳的、理性的方法去整理感性材料。此后,西欧注重实证的特点经久不衰,他们认为科学惟一的目的是发现自然规律或存在于事实中的衡常关系,这只有靠观察和实验才能做到。西医看病,先给病人做各种化验,得到数据后,分析数据,再做诊断。厨师烹饪,各种配料严格计算,操作程序严格规定了先后,普通人家的厨房里也会出现天平,用来称量各种配料的重量。西方的绘画从素描开始练起,讲究每一笔一画的准确性。西方人重视认识论和方法论、重视语言中的语法分析都与思维方式的逻辑性有关。[①]

此外,重实践、重操作是中国文化思维的一大特色;相反,西方人同样重实践,但他们的实践是为把实践的结果上升为公理性的认识,所以说他们的实践更如同实验。中国式的实践实则是"实际",即并不迷恋、追求得出规律性的总结。造成

---

① 高学贤、刘栋林:《中西文化的差异及其在企业管理中的体现》,《石油大学学报(社会科学版)》2000年第6期。

这种思维方式的原因还是同各自的本体论有关。中国人的本体论认为世界的所谓"本质"是随机变化的"无",因此并无一定之规,只能"相对而言",主张"具体问题,具体分析",面对每一种具体的事物、情况都亲自践行,以从中总结"经验"。在此,"经验"与"公理"是不一样的,公理意味着"放之四海而皆准",是"一成不变"的;而经验,则并不见得那样"斩钉截铁",而是处在不断积累、调整、改易、验证的过程中。

最后,直觉、模糊思维与逻辑、精确思维的差异所带来的是重现象和重抽象的区别,中国人对现象的重视已超出原始思维的本能状况,把它变成了自觉的方法论。中国人重视现象又同本体论中"合一"的思想有关,即每一种现象的理解不能离开具体的环境。所以中国人考虑问题重视的是整体的关系,把事物放到具体的现象中去思考;西欧人则不然,重视的是现象背后的原因、规律,总是千方百计地要透过现象看本质。[1] 他们对形式化、规范化的追求,其实都是对于本质、真理的追求的手段。抽象对他们非常重要,它可以帮助我们抽去具体的"象",而找到"象"后的"理"。抽象的具体方法无非是概括、归纳、选取、推定等,最后达到"客观反映"——真理的呈现。

---

[1]　王前:《中西文化比较概论》,中国人民大学出版社 2005 年版,第 64—87 页。

7. 内向保守文化与外向开拓文化

钱穆先生在《国史新论》中指出的,中国文化是向内的,欧洲文化是向外的。中国人的态度常常是反身向内看的。所谓向内看,是指一切东西都在他自己的里面。西方历史常常是列国纷争,战争不断,因此他们的对内问题常没有他们的对外问题那般重要。西方人的态度,则常常是向外看,认为有两体对立,所以特别注意在空间的"扩张",以及"权力"和"征服"上。[①] 纵观中国的民族特征,中国人确实是注重内省的。孔子常说"日三省乎己",眼睛向内看。这既是中国人的优点,也是中国人的缺点。因其注重内省,所以中国人崇尚自然,形成内敛、含蓄的性格特征;但另一方面,也不乏保守、怯弱,一味沉浸在自我的世界里,眼界不开阔。西方人常向外看,因为他们不知足,对现状、对自己拥有的不够满意,所以有开拓、冲撞的精神,当然也往往走向极端直至侵略、掠夺。

同时,传统中国在地理上半封闭的隔离机制、自足的农业经济以及强烈的血缘宗族意识铸就了中国人平稳求实的大陆性文化性格。由这一性格凝聚而成的重要民族精神之一就是求统一、尚传承、重内省、轻开拓的文化心态,从而形成了以自

---

① 钱穆:《国史新论》,三联书店 2005 年版,第 14 页。

我保存、向心凝聚为宗旨的发展方针和独立自足、稳定绵延的文化心态。自秦至清 2000 余年,封建君主集权专制无根本性变化,民间的生产方式也是重守恶变,不违祖制,唯古是法。医家以祖传秘方为荣,商家以百年老店为生,社会团体和家庭均以师父、长老为尊,因为"道之所存,师之所存"(韩愈《师说》),师父、长老便是传统的化身,年轻后学无人敢于违背,否则就是目无尊长。任何人敢于做出哪怕很小的变革也会被横加阻止,整个社会历久不变,文化停滞不进。① 同时,由于中国文化早期高度发展,形成了较高的文化势能,以致它在与周边文化碰撞与涵化中,总能以本位文化为中心同化或改造异文化并能够很容易把外来文化的某些因素或因子变成自己的一部分,从而导致大中华文化的自大与封闭。

而西欧文化的开放精神,首先表现在它总能把目光投向世界,善于从不同的异文化中汲取精神养料。与在相对孤立状态中发展起来的中国文化不同,早在希腊文明产生之初,它便从地中海沿岸及西亚地区的先进文明中汲取了大量营养,从而不断促进自身文化的繁荣与发展。西欧文化的外向开放不仅表现在主动吸收其他文化的先进成果,还表现在积极向外开拓上。这种开拓首先是开发农业生产基地和商业贸易市

---

① 梁漱溟先生把"历久不变的社会,停滞不进的文化"作为中国文化的特征之一。

场,其次是对外的扩张征服与殖民活动,同时还表现在文化的传播与输出。① 与此同时,西方文化的开放性还表现在求变务新的创造开拓进取精神。他们总是不满于现状,不满足于已有的财富和成就,而是把目光投向未来,这与中国内向保守的文化形成了鲜明的对比。

五、中国和西欧文化差异的形成渊源

钱穆先生在《中国文化史导论》中指出,人类文化的两大主干应归为西方的欧洲文化和东方的中国文化两大系统,两者都源远流长,对人类影响深远。② 这两大文化系统的形成有着各自特定的渊源。

总体上看,中国传统文化产生与发展的经济基础是"以农立国"的农业经济。小农业和家庭手工业相结合的、一家一户为一个生产单位和消费单位的、男耕女织自然分工的、自给自足的自然经济是中国传统文化赖以存在和发展的深厚基础,这种经济形式具有浓厚的封闭性和内向性。它追求的是天人合一、顺应自然。这就使得中国传统文化一开始就走上了反省内求的道路。这种文化所追求产生的结果则是关于如何

---

① 徐行言主编:《中西文化比较》,北京大学出版社 2004 年版,第 106 页。
② 钱穆:《中国文化史导论(修订本)》,商务印书馆 1994 年版,第 12 页。

"正心、诚意、修身、养性"等一系列伦理道德观念和规范及其在治国安邦等现实社会中物化出来的经世致用之学。故而伦理道德及经世致用就成为中国传统文化的重心。中国古代所谓的"学问",不是关于自然的知识,而是如何安身立命的道德信条和怎样治国平天下的经世致用之学。

然而,由于欧洲位于欧亚大陆的西部,西临大西洋,南濒地中海,东南是黑海、里海,北临波罗的海、北冰洋,东部以乌拉尔山脉与亚洲相接。欧洲海岸线曲折,多天然优良港湾,适于发展海洋贸易和海洋运输。欧洲土地面积狭小,平原小,山地、丘陵较多,发展农业生产条件欠佳。因此,古代欧洲人非常善于利用海洋优势,发展海洋贸易和海洋运输等商品经济。古希腊罗马就发展出了当时世界最发达的商品经济。商品生产和商品交换成为古代欧洲经济的一大特色。商品经济的特点是互通有无,具有开放性和外向性,在这种经济基础上所产生的欧洲文化也就具有了外向性和开放性的特征。西方文化自一开始走的就是向外部世界寻求的道路。古代欧洲人向外部世界寻求并对这种寻求过程及其结果进行计算,产生了自然科学;同时,"商品经济是天生的平等派",①商品经济又给欧洲文化带来了平等、民主观念。因而西方文化以科学和民主为重心,西方文化的两大成就是科学与民主。

---

① 马克思:《资本论》第 1 卷,人民出版社 1975 年版,第 102 页。

1. 地理环境渊源

中国和西欧文化差异如此之大,重要渊源之一就是地理环境。正如钱穆先生认为的,中西文化差异的原因主要有两方面,其中一方面就是自然环境的不同。首先,地理环境的差异。与其他文明古国比较起来,中国文化一开始就是在一个地大物博的环境下酝酿产生的。长江流域、黄河流域这两大母亲河孕育了古老的中国文化。中国文化开始便在一个复杂而广大的地面上展开,有复杂的大水系,到处有堪作农耕凭借的灌溉区域。因此,他认为中国文化的开始便易走进一个大局面,宏伟大气,与埃及、巴比伦、印度始终限制在小面积里大不相同。其次,中国文化的特殊性还与其气候条件有关。其他三大文明古国都近在热带,物产丰足。他们的文化大抵从多量的闲暇时间里产生。只有中国在北温带,气候条件远不如上述三个国家,因此中国人开始便在一种勤奋耐劳的情况下创造她的文化。[①] 此外,中国地域辽阔,山脉河流构成一完整系统,其势宜合不宜分,因此易于积淀浓郁深厚的文化底蕴。但另一方面,中国独特的地势:三面陆地,一面环海,北面多沙漠,西北、西南均为难以跨越的高原地带,这种态势,又阻隔了中国与其他国家的交往,易于形成闭关锁

---

　　① 钱穆:《国史新论》,三联书店 2005 年版,第 4—6 页。

国、自我满足的心理。①

　　事实上,在生产力极低的情况下,地理障碍对人类活动特别是交通运输的影响要比现在大得多,有时往往起了完全隔绝的作用,例如海洋、大江、高山、沙漠、沼泽、丛林都曾是先民难以逾越的地理障碍。因此,相对封闭、内陆型的地理环境造成了中国文化独具一格的特点。首先,形成了具有稳定连贯的文化特色。相对封闭的内陆地理环境,使中国文化在一种与外界基本隔离的状态下自发地产生与发展起来。由于这片土地的面积足够辽阔,物产足够丰富,人口足够众多,所以中国尽管缺乏与外界的联系,也能够产生出高度文明的本土文化。在中国四境之外,无论海洋、戈壁还是高原、江河,都成了一道道难以逾越的天然屏障,中华民族只在这半封闭的空间里活动,较少借鉴和吸收别国的文化,并且没有因外来文化的冲击而使自己的文化出现断层、转型或湮灭,表现出相对稳定连贯的文化特征和别具一格的文化特色。例如,中国西南、西北面与印度、阿拉伯国家毗邻,但是由于崇山峻岭、戈壁黄沙的阻隔,中国与这些国家较难进行文化交流。中国东面那浩瀚的太平洋更令古人望而生畏,一直到很晚他们才通过航海与外界接触。虽然从秦汉开始,中亚、阿拉伯以及欧洲等地的

----

　　①　郑淑婷:《钱穆的中西文化差异观》,《安徽农业大学学报(社会科学版)》2007年第1期,第76—77页。

使臣、商人、传教士等源源不断地来到中国，然而，他们淹没于汉人的汪洋大海之中，无论是数量上还是质量上均无优势可言，所以尽管他们在某些方面也影响过中国文化，但在总体上却无法动摇中国文化的传统地位，只能是被中国文化所吸收，逐步同化、融合到中国传统文化之中，成为中国文化的组成部分。其次，形成了自我中心文化观。由于相对封闭的内陆地理环境使中国与别国的文化交流较为困难，因而形成了自我中心文化观。与外界的隔绝，使古人误以为天下只有华夏民族和周边一些蛮夷部落，于是"天下"成了中国的代名词，历代帝王从来就把取得中国的统治权叫做得到了"天下"。"唯秦皇兼有天下，立名为皇帝。"（《史记·秦始皇本纪》）在古人看来，中国即是居于天下之中心的国家。这种以我为主，唯我独尊，普天之下，莫非王土的帝王思想不仅在各朝皇帝心中存在着，而且在某种程度上也成为中国一般百姓的习惯心理，甚至成为一种信念，即使在接触外界文化之后，中国人仍然以"天朝大国"自居，表现了一种自我中心的文化观。

然而，反观西欧，地理环境与中国截然不同。欧洲的政治与文化，源于地中海沿岸国家，包括古埃及、两河流域和古希腊，其主要源头应属于产生于地中海东部爱琴海诸岛和希腊半岛的希腊文化。希腊地处地中海东部交通要冲，多良港，多山，土地贫瘠，这迫使古希腊人很早就经营海上贸易，以补土地之不足。因此，古代希腊文明呈现出区别于其他地区的强烈的海洋性。古希腊文化上的海洋性主要表现为:古希腊人由于见多识广,易于接受外来文化的先进成分;由于海上生涯的冒险性质,易于培养人民的独立性和平等观念。希腊气候温和,是典型的地中海气候,人们十分偏爱户外活动。① 丹纳在论及希腊气候对文化的影响时说:"这样温和气候中成长的民族,一定比别的民族发展更快、更和谐。没有酷热使人消沉或懒惰,没有严寒使人僵硬迟钝。"②日后的体育赛会的发展与希腊的气候应当说不无关系。临海和气候温和又造就了美丽的自然景观,优美的景观陶冶着人们的心灵,使之对美好的事物很敏感,有利于艺术的产生。古代希腊人的生活具有强烈的艺术性,这一点从他们遗留下来的艺术品和实用品中都可以得到证明。自然环境不但影响了人们的生活方式,还影响着人的观念。希腊人面前的自然界是十分清晰和明确的,没有出现像上古文明中其他地区的人们对于巨大事物由于无知而产生的恐惧现象。因此,希腊人的宗教发育得不太成熟,这有助于希腊人科学精神的成长。就是在这样得天独厚的条件下,在希腊这片土地上出现了欧洲最早的国家,出现了自由平等的观念、民主政体和科学精神,从而使希腊成为西方文化的源头。

---

① 郑淑婷:《钱穆的中西文化差异观》,《安徽农业大学学报(社会科学版)》2007 年第 1 期,第 76—77 页。

② 丹纳著、傅雷译:《艺术哲学》,广西师范大学出版社 2000 年版,第 266 页。

大海能够培养、陶冶人的独立自主的精神,不仅浪漫主义之士认为是这样,文化的事实也确实是这样。具体说来,海上作业需要勇敢、富于竞争和冒险精神;由于这种作业的技术性从而有了初步的分工合作的形式,这有助于人的独立性的养成;海上是"无根"的生活,使古希腊人的迁徙、闯荡成为家常便饭,当然使政治的约束管制也成为难事,于是造成了人在个性上的我行我素、独来独往。此外,大海不仅给人科学精神,因为人必须有相当而且多多益善的科学技术才能够利用大海、制胜大海;而且大海也给人以宗教精神,因为宗教同科学、哲学、艺术一样,皆起源于人对大自然的天真好奇,而烟波浩渺、水天一色的大海最能给人激动和对宇宙洪荒的冥想。

2. 经济形态渊源

中国和西欧文化差异的另一重要渊源在于双方经济形态的不同。正如钱穆先生所说,"中西文化之不同,其实起于农商业之不同。中国以农立国……西方古希腊亦有农民,摈之在野,沦为农奴。商人则居都市中,越洋跨海,远出经商。然买卖双方,须各同意,乃得成交。购与不购,购价几何,皆决定于购方,乃购方之自由。故售方亦如赌博,在己无确定之把握。同队而出,盈利厚薄有不同,故亦不免有妒争之意。归而家人团聚,则别求一番快乐以自慰。故其为生,杂而无统,分别而不和。向外多变,不安而争,不和不乐,而亦前进无止境。

于是乃成其所谓个人主义与唯物史观。先则争利,继以寻乐。而利非真利,乐亦非真乐。人生乃在寻与争之中,究竟目的何在,则寻不到,亦争不得,乃惟新惟变之是务"。①

中国自古以来以农业为主,衍生的文化带有纯朴的乡村气息;西方文化则多以商业为主,带有浓厚的商业气息。由于传统中国向来重农轻商,所以在中华几千年的历史长河中,商业一直受到压制;相反,西方国家则非常重视商业,常常运用国家力量来保护和推进其国外商业。农业文化是自给自足的,商业文化是内外依存的。因此,农业文化常觉得内外一体,只求安足,故常保守。商业文化彼我对立,惟求富强,故常积极进取,甚至掠夺他国。长期生活在农业文化氛围中,中国人知足常乐,心态平和,一方面形成了他独特的悠然、达观的心态,另一方面也滋养了惰性。所以到近现代,当西方人率先进行科技革命、发展资本主义时,中国人还在清政府的黑暗统治下长眠不醒、盲目自足。胡适认为,"东方文明的最大特色是知足,西洋文明的最大特色是不知足"。② 西方人说"不知足是神圣的"③。

---

① 钱穆:《现代中国学术论衡》,岳麓出版社 1986 年版,第 37—38 页。
② 胡适:《我们对于西洋近代文明的态度》,《现代评论》1926 年第 4 期,第 38 页。
③ 胡适:《我们对于西洋近代文明的态度》,《现代评论》1926 年第 4 期,第 38—39 页。

作为一个有着数千年历史的文明古国，农耕经济的持续性是中国传统自然经济的一大特色，而建立在这种经济模式基础之上的中国传统文化也明显带有世界其他古代文化无可比拟的延续力、承载力、化合力和凝聚力。

首先，农业生活方式对中国文化求平尚稳、安土重迁心理特点的形成有重大影响。农业生产最显著的特点是对土地的依赖性，农民固守在土地上，日出而作，日落而息，年复一年，循环往复，从土地中获得生存所需要的一切，因而形成了安土重迁的观念。相比于海洋民族的征服异族、拓宽疆域，游牧民族的南征北战、左冲右突，作为农业民族的中国最宏伟的设计就是修建世界上最大的战争防御工程——万里长城。这些都是中华民族求平重稳的文化心理的反映。

其次，自然经济的绵延性和中国文化的早期定型，使人们产生一种凝重的保守性格和思维方式。农耕经济的高度发展，促使中国农耕经济在早期就得到充分的发育。但是，中国早熟的农耕经济一旦形成，便停滞凝固不再发展，这与中国凝固保守的民族性格的形成有极大关系。农业生产靠农民来进行，农民是农业社会存在和发展的前提，只有让农民安居乐业，农业生产才能平稳发展，治国安邦也才有保障。所以，农耕经济形态重农尚农的特点，使得中国文化带有了较强的民本主义色彩。

中国逻辑思想和科学技术的发展也是如此。先秦墨学中的逻辑思想和自然科学已经达到了很高的成就,处于世界先进水平。然而,由于墨学的中绝,却造成了中国传统文化构成中科学精神的严重缺失,从而使中国文化失去了向另外一个方向发展的可能。

另外,小农经济的生产方式使中国文化呈现出务实理性的特点。"一分耕耘,一分收获"的农耕生活使农业民族深悟实干的重要,小规模经营方式和家庭劳动为主的小农经济使他们更注重现实和自身周围小范围的人事,很少去关心人世之外的事情。抽象的宗教难以被农民接受,他们注重的是具体实际的农事,由此铸成了中国文化的世俗特征:关注现实人生,充满实用理性,富于务实精神。但同时,民族性格中也缺乏对现实的超越意识和批判精神。

西欧文化也是以新石器时期的畜牧、农耕和定居为发端的。然而,由于地域有限而又多山的地理条件,使希腊半岛等西欧文明的发祥地的农业很难满足不断繁衍的人口的生存需要,于是人们不得不转向山林和大海寻找新的生活资源,发展畜牧、渔业以及向海外的迁徙和征服都成为谋求生存的重要途径。① 手工业、商业不断地发展起来,航海和商业贸易成为了经济的主要支柱。经济的外向开拓必然带来文化的开放,

① 徐行言主编:《中西文化比较》,北京大学出版社 2004 年版,第 46—48 页。

工商业和航海业的复兴也不断地促进着近代西方资本主义的发展。可以说,西欧的商业经济形态塑造了一个与中国农耕文明完全不同的文明形态。

3. 历史宗教渊源

中国文化源远流长,有 6000 年以上从未中断的历史,其所以能顽强地生存发展并绵延至今,究其原因,最显著的特征在于它的统一性。在漫长的历史长河的流淌之中,中国文化逐渐形成了一个以华夏文化为核心、同时汇聚了国内各民族文化的统一体。从政治方面看,中国文化经历了持久的统一过程。与上述政治统一相伴随的,是中国文化超强的同化力及融合力的体现。所谓同化力,是指外域文化进入中国后,大都逐步中国化,融入中国文化而成为其一部分。[1] 其次是民族的融合。中国自古以来就是一个多民族国家,在中华文明的缔造过程中,各民族都作出了不可磨灭的贡献。文化的发展,是不同民族、不同地区的文化不断融合的过程。在漫长的历史年代里,中国文化虽未受到远自欧洲、西亚、南亚而来的威胁,但也屡屡遭到北方游牧民族的军事冲击。在这一过程中,中国文化又多方面地吸收了新鲜养料,如游牧人的骑射技

---

① 贺毅、苏峰主编:《中西文化比较》,冶金工业出版社 2007 年版,第 45—48 页。

术,边疆地区的物产、技艺,从而增添了新的生命力;另一方面则是思想文化的统一。思想文化的统一,历来被统治者所特别推重。文化上的统一,还伴随着思想学术上的统一,而这种统一,对中国文化其后的历程影响至深至巨。中国古代思想家一般来讲,都有理想主义的大一统思想。总之,由于政治的统一、民族的融合、思想文化的一致等诸多因素,造成中国文化具有统一性的特征。这种统一性使中国人对自己的民族文化产生强烈的认同感,在对各种文明的比照中,往往一眼就能认出自己文化的象征。

由于中国政治变化、政权更迭始终是在本民族内部进行,而中国民族文化的统一性又往往使内部的政治斗争无法选择它以外的文化做武器,因此总是在中国固有文化的自身因素中寻找,如儒、法、道、佛、玄等,而这几种不同的文化因素又具有同源的特点①。这就使得中国历史呈现出这么一种情形,由于接受了统一文化的熏染,因此,不论谁夺取政权,他也必须借助于这个文化来巩固自己的统治地位,客观上保持了文化自身的连续性。即便是在少数民族当权的国度里,也同样存在上述问题,尤其中国边远民族,在文化上都不如汉族发达,其文明程度一般都低于中原地区,所以在他们取得政权之前,就往往接受了汉文化的熏陶,取得政权以后,更是利用汉

---

① 其中佛教虽源于印度,但也很快与中国文化融为一体。

文化作为思想工具,任用汉族大臣进行管理。另外,由于中国宗教不发达,特别是由于多种崇拜的原因,没有形成一个足够统摄全民族的宗教势力,因此,也就没有形成不同的宗教势力集团。在官方往往儒、释、道并重于一朝:在民间往往孔、老、佛同祀于一庙。这样在中国就没有因宗教信仰的问题而发生宗教战争和文化排斥现象,这也是中国文化连续性的原因所在。当然,就中国文化的自身发展说,最重要的原因,乃在于中国文字的统一及文字演变的稳定性。

从西欧乃至整个西方文化发展的历史来看,宗教一直占有特殊重要的地位。宗教观念已经渗透到了西方文化的细胞核里,所以很少有思想家从正面彻底否定上帝的存在,像康德、休谟、伏尔泰、卢梭、斯宾诺莎这些大哲学家们也并不否定神的存在,他们都不同程度地带有自然神论的倾向。西欧文化受基督教的影响十分深刻久远,通观基督教在西欧乃至整个西方社会史上的作用,大体为两方面:道德伦理性的和政治统治性的。政治统治性的无非是把基督教的教义用作统治的意识形态。基督教在西方文化土壤上生成,从而也具有浓厚的西方文化属性,其中至为明显的一点是,它也具有浓厚的哲学意味或色彩。基督教会强烈地支配着思想文化领域。基督教会是最高的权威,教会教条同时就是政治信条,圣经词句在各法庭中都有法律的效力,政治、法律、哲学、文学都不过是从属于神学的旁系或分支,任何不合正统神学的思想学说都被

斥之为"异端"受到禁止和迫害。总之,基督教使西欧文化的
各个方面都染上了宗教的色彩。①

4. 制度渊源

中国和西欧不同的经济类型与生产活动方式自然会产
生不同的社会组织形态,并形成各自相应的政治结构和文
化秩序。中国自古以来就是家国宗法制,所谓宗法,是指以
家族为中心、根据血缘远近区分嫡庶亲疏的一种等级制度。
中国政治的基本特征包括:一是家天下与君权至上。宗法制
度的本质就是家族制度的政治化。中央集权制的本质在于一
姓之私的家天下传统。中国历代君王向来把天下国家视为私
有财产。秦始皇当皇帝后,"天下主事无大小皆决于上"(《史
记·秦始皇本纪》),这种大权独揽的传统一直延续到清朝。
在这里先秦法家的"任术"与"重势"观念完全投合皇帝的口
胃,他们相互默契,代代沿袭,造成中国传统政治的专制与独
裁性格。

二是"有治人而无治法"。两千多年的专制时代虽然不断
经历改朝换代,但只是更换皇帝的名号而已,从张家天下变为
李家天下,再变为赵家天下……代表封建制度的皇帝及宗法

---

① 关于西欧文化的宗教精神及渊源的探讨参见王玉芝:《中西文化精神》,
云南大学出版社 2006 年版,第 230—234 页。

观念不但没有削弱和消失,随着改朝换代反而不断得到强化。究其原因,在于"有治人而无治法",为政不在于制而在于人,这是中国几千年政治制度中一条根深蒂固的传统观念。由于只有人治而无法治,历代的政治制度,虽然在政府组织的安排上,皇权可以由宰相和御史大夫等高级官吏取得一定制衡作用,但当发生矛盾冲突时,最终稳操胜券的非皇帝莫属,因为皇帝拥有绝对权力,他可以一言九鼎,说一不二,甚至指鹿为马。绝对权力意味着他可以不受任何法律、道德的约束,包括他自己说过的话。

三是"内圣外王"。宗法与专制的结合,在政治上表现为儒法合流,在文化上则表现为伦理政治化和政治伦理化,突出地表现为"内圣外王"的心态,即修身、齐家、治国、平天下的人生理想和追求。所谓"内圣外王",从广义上说,就是要求君主或政治领袖应具备道德条件,然后才能从事王者的事业。人格的完善是儒家基本的价值追求,故儒家极为注重人格的内圣规定。几千年的传统文化片面强调道德作用的结果,使中国民众自觉到自身是道德的存在,而不是政治的存在。因此,对于政治往往从道德角度去观察和评价,把自己游离于政治之外,对政治有尽义务的自觉,但不知在政治上有自己的权利,不去争取,委弃于人,"他们不能代表自己,一定要别人代表他们。他们的代表一定要同时是他们的主宰,是高高站在他们上面的权威,是不受限制的政治权力,这种权力保护他们不受其他阶级侵犯,并从上面赐给他们雨水和阳光"①。这实际上是保守的小农经济和小生产者思想的基本性格。

与中国的家国宗法制不同,西欧的政治制度源于古希腊的城邦制。所谓城邦,是以一个城市为中心的独立主权国家。从公元前 8 世纪起,希腊人开始建立城邦国家,形成了城邦政治制度。在此之前,地中海文明与世界其他古代文明之间在社会制度发展上并没有根本的差异。氏族与部落的农村公社制度是地中海文明与世界其他古代文明的主要形式,但是从这时开始,希腊人的城邦国家建制成为包括西欧在内的西方国家的一种重要特征。

城邦制度是古希腊对世界文明的巨大贡献,它也是人类社会所建立的最早国家形式之一。古代城邦国家之后,西方才发展出奴隶制大帝国、封建国家、资产阶级共和国等国家形态,所以,关于城邦的历史研究对认识国家本质及起源极为重要。② 城邦制度的核心是民主制度,这一制度是产生于私有财产之后的。这一制度的存在说明了私有财产并不是国家产生的唯一根源,人类社会制度的最终目的也不是维护私有制。城邦的民主制度,曾经是人类理想的范本。

古代希腊城邦制度对欧洲国家制度有重要影响,它直接

① 《马克思恩格斯全集》第 8 卷,第 217 页。
② 王前:《中西文化比较概论》,中国人民大学出版社 2005 年版,第 42—47 页。

启发了封建民族国家与资产阶级民族国家的体制建构。它的执政官、贵族会议与公民大会等形式,对以后的王权制度、君主立宪、议会制度等都有一定影响。

第二章 中国和西欧企业文化的差异

一、企业文化

　　企业文化的概念自 1980 年代在美国提出以来,已经获得了学界和商界的广泛关注与重视。企业文化于企业的重要性早已不言而喻,越来越多的企业和企业家将企业文化视为企业竞争力的重要内容甚至是企业竞争力的主要源泉。

　　人们对企业文化的定义历来见仁见智,如美国学者阿伦·肯尼迪和特伦斯·迪尔在《西方企业文化》一书中认为,"企业文化的核心是价值观,其他要素还包括英雄人物、礼仪庆典和文化网络等"[①];威廉·大内认为,一个公司的文化由其传统和风气构成,也包括公司的价值观。"这种公司文化包括一整套象征、仪式和神话。他们把公司的价值观

---

　　① [美]阿伦·肯尼迪、特伦斯·迪尔著,孙耀君等译:《西方企业文化》,中国对外翻译出版公司 1989 年版,第 34 页。

和信念传输给员工。这些仪式给那些原本就稀少而且抽象的概念添上血肉,赋予它们生命力,从而能够对雇员产生意义和影响。"①美国学者约翰·P. 科特和詹姆斯·L. 郝斯科特认为,企业文化就是一个企业中各个部门,至少是企业高层管理所共同拥有的企业价值观念和经营实践,而"部门文化"一个企业中的各个职能部门或地处不同地理环境的部门所拥有的共通的文化现象。②中国的学者有的定义很简洁,如清华大学教授、著名经济学家魏杰先生将企业文化定义为"企业信奉并付诸实践的价值理念"③。有的则很具体,如清华大学张德认为:"企业文化是企业长期生产经营活动中所自觉形成的,并为广大员工恪守的经营宗旨、价值观念和道德行为准则的综合反映。"中国社会科学院刘光明认为:"企业文化是一种从事经济活动的组织之中形成的组织文化。它所包含的价值观念、行为准则等意识形态和物质形态均为该组织成员所共同认可,它与文教、科研、军事等组织的文化性质是不同的。"还有的认为,"企业文化是一种观念形态的价值观,是企业长期形成的稳定的文化观念

---

①　威廉·大内著,孙耀君等译:《Z 理论——美国企业界怎样迎接日本的挑战》,中国社会科学出版社 1984 年版,第 168 页。

②　[美]约翰·P. 科特、詹姆斯·L. 郝斯科特著,李晓涛译:《企业文化与经营业绩》,中国人民大学出版社 2004 年版,第 6—8 页。

③　魏杰:《企业文化塑造——企业生命常青藤》,中国发展出版社 2002 年版,第 7 页。

和历史传统以及特有的经营精神和风格,包括一个企业独特的指导思想、发展战略、经营哲学、价值观念、道德规范、风俗习惯等"。①

国内外的这些定义有的强调了企业文化是一个包含了信念、价值观、理想、最高目标、行为准则、传统和风气的复合体,是一种精神力量;有的强调了企业文化是包含了企业物质文化和精神文化在内的混合体。总结起来,有精神现象说、企业精神说、"总合"说、三层次说、精神信息系统说,等等,不一而足。事实上,企业文化是一种集团文化、组织文化,是一种亚文化。企业文化是在一定的社会经济文化大背景下形成的、与企业同时存在的意识形态和物质形态,是在企业这种人类经济活动的基本组织之中所形成的组织文化。笔者认为,虽然中外学者对企业文化的定义千差万别,但赋予企业文化的基本含义是一致的,那就是:企业文化是一种亚文化,是一种组织文化,是文化与组织联系在一起的时候,成员所共有的总的行为方式、共同的信仰及价值观,也是企业作为以一个组织所具有的稳定的独特的价值观念、企业精神、道德规范、行为模式、管理理念和处事风格的总称。

先让我们通过几个案例来直观认识一下企业文化吧。

---

① 潘建屯:《论中西哲学视野下的企业文化》,《四川经济管理学院学报》2004 年第 4 期,第 53 页。

【案例2—1】　正确的企业观念成就巨人索尼

1950年代初期，索尼还是一家刚创立不久的小公司，当它在美国市场上开拓晶体管收音机销售的时候，当地一家厂商要求订货10万台，这对当时的索尼来说真是一笔不小的生意。但是，对方同时提出了条件，不能贴索尼的牌子，而要换上当地的一个名牌"希洛瓦"，因为在当地这个牌子很出名，却没多少人知道索尼的牌子。当时，公司也指示盛田昭夫"接受订货，忘记索尼"。然而，令人意想不到的是，盛田昭夫毅然拒绝了这笔订单。他的理由是，"我要索尼的名字，没有索尼就没有我们自己的历史"。盛田昭夫的价值观念就是，品牌永远是第一位的，品牌比赚钱更重要。

【案例2—2】　"仁德"精神造就三百年同仁堂

《日本商业周刊》1983年曾经做过一次"日本100家大企业过去100年间的兴衰调查"，结果显示：在长达一个世纪的时间里，100家大企业中能够持续兴盛不衰的企业只有两家，其余的或倒闭，或被兼并。进入100家大企业行列的企业平均繁荣年限为30年，这说明即使是超级大企业，兴盛周期也并不长。然而，同仁堂却是一个有着300余年历史的大企业，到底是什么力量使同仁堂能够永葆青春、经久不衰呢？答案很简单，就在于同仁堂始终秉承并坚持的企业精神——"仁德"精神。300余年来，同仁堂自始至终坚持中国儒家传统思想中的"仁德"精神，即使在市场经济大潮汹涌的今天也不例外。它讲诚信、重人和、养生济世、童叟无欺。这些精神在同仁堂不断发展的道路上逐步得到充实和升华,与现代市场经济伦理成功衔接。从同仁堂"炮制虽繁必不敢省人工,品味虽贵必不敢减物力"的古训,到同仁堂求真品、讲信誉、重疗效、平康万民的实践,充分反映着这家三百年老店"同修仁德、济世养生"的仁德精神。这就是同仁堂300余年经久不衰的奥秘所在。

以上案例使我们对企业文化有了一个直观的感受,那就是,企业文化包含着企业的价值观念、企业精神、行为模式和管理理念等基本要素。企业文化作为特定群体的文化,与社会文化具有显著的不同,因而体现出了自身鲜明的特征:

第一,企业文化具有企业性、内在性和差异性。[①] 企业文化具有自身的特殊性,它不是单纯的文化,也不同于国家文化、社会文化或民族文化,企业文化是企业内部的一种文化,它不能脱离企业和企业家而单独存在,因而具备企业性特征;同时,企业文化不是企业在经营管理过程中强制执行的外在内容,而是渗透到企业经营管理过程中的内在内容:一方面,企业文化的构成要素具有内在性特征,例如构成企业文化的价值观、理念、精神等都属于内在要素;另一方面,企业文化在

---

① 任志宏、张晓霞、黄华、杨菊兰:《企业文化》,经济科学出版社 2006 年版,第85—86页。

企业经营管理过程中的作用具有内在性特征,例如企业文化在企业经营管理过程中具有显著作用,但这种作用不是外在的强制性作用,而是内在的非强制性作用,即通过员工内心的自觉性而发挥的作用。当然,不同企业之间的企业文化具有差异性,不同国家的企业文化也具有差异性,有时这种差异还非常之大。这是因为,从外部看,企业所处的社会环境不同,地理、经济条件不同;从内部看,企业所处的行业类型不同,管理者风格不同,员工背景和素质不同。所以,没有完全相同的企业文化。企业会根据自身特点和环境,形成属于自己的特色鲜明的企业文化。

第二,企业文化具有习惯性、相对稳定性和更新性。企业文化的核心是企业共有的价值观念、共同的理念,特别是有企业共同的价值观所沉淀而成的心理习惯,这一心理习惯不仅体现在员工的不自觉的思维活动中,还必然会体现在广大员工不自觉的价值判断中,最终通过传播和继承,构成企业特定的历史文化传统,因而具有习惯性的特征。同时,企业文化的塑造、培育和认知都需要相当长的一段过程,需要很长的时间。一旦形成,就会成为一种习惯而难以轻易改变,因此,企业文化具有相对稳定性。当然,这种稳定性是相对的,一旦行业或整个国家经济社会条件发生变化,企业也会随着内外条件和环境的变化不断得以调整、完善和升华,最终实现企业文化的不断更新和再造。

第三,企业文化是一种追求经济效果的文化。企业文化讲求经济效益,保持组织的连续性、积累性,注重投入、产出变化,从而组织和利用自身的人才、信息、资金、技术等一切资源,追求经济效益。

第四,企业文化与社会文化相互作用。[①] 组织文化是在社会文化或者民族文化的大环境中形成的制约企业个体行为、企业行为和群体行为的亚文化。作为一种特定的组织文化,它一般不会主动去影响组织以外的成员的思想和行为。然而,蕴藏在企业文化中那些人类所共有的道德意识、企业精神和价值观念却会通过自己的产品、服务和员工慢慢传递、渗透到整个社会中去,从而对整个社会文化的变革产生重大影响;反过来看,社会文化又会对企业文化产生一定的影响和制约作用。一般而言,保守、封闭的社会文化大背景会深深制约企业的创新和发展,而开放、主动的社会文化背景也会促进企业的创新和发展。

1. 企业文化的基本结构

正如美国著名教授彼得·圣吉所主张的一样,世界是一个大的系统,我们应该用系统的眼光来看待和分析问题。同样,企业文化也是一个系统,这一系统又包括若干子系统,如

---

①　陈亭楠:《现代企业文化》,企业管理出版社 2003 年版,第 18—20 页。

物质子系统、制度子系统、行为子系统和精神子系统等。正因如此,企业文化的基本结构可划分为企业文化的物质层、行为层、制度层和精神层(图2—1)。①

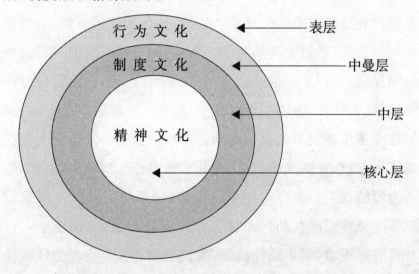

图2—1 企业文化结构图

(1)企业文化的物质层

企业文化的物质层也叫企业的物质文化,是企业文化的最外层,它是由企业员工所创造的产品和各种物质设施等所构成的器物文化,是一种以物质形态为主要研究对象的表层企业文化。企业物质文化的首要内容就是企业生产的产品和提供的服务;其次是企业创造的生产环境、建筑物、产品形象

① 关于企业文化结构的详细探讨参见刘光明编:《企业文化》(第三版),经济管理出版社2002年版,第145—172页。

识别、产品包装与设计等。

　　生活中有许多有趣的现象:例如,周博士刚刚拿到博士学位并且成功获得了一所著名大学的教职,明天他就要正式登上讲台开始他的第一节课了。为此,他今天忙了一整天:首先他理了个发,然后去商场买了一套崭新的西装、价值不菲的领带和皮鞋,回到家后他又认真刮了胡子。他想,一定要打扮得够帅气、上档次,否则会给学生留下不好的印象。其实,企业的物质文化建设与此有异曲同工之妙。如果一家企业大楼气派宏伟,内部窗明几净,设施井井有条,员工工作有条不紊,势必会留给我们一个好的印象。反之,如果我们发现一家我们原来十分喜爱的食品厂不仅企业环境脏污恶劣,就连生产设备也破烂不堪,卫生条件很差,我们会对这家企业产生什么样的印象? 我们以后还会再买其产品吗?

　　可见,企业物质文化直接影响顾客的感性认识,进而在很大程度上决定着顾客对该企业的优劣判断。因此,它是一种以物质为形态、物质为载体的表层企业文化,是企业行为文化、精神文化、制度文化的外在结晶。它一方面要受企业行为文化、制度文化、精神文化的制约,具有从属性和被动性;另一方面又是人们感受企业文化存在的外在形式,具有形象性和生动性。[1]

----

　　① 　陈亭楠:《现代企业文化》,企业管理出版社 2003 年版,第 95—96 页。

（2）企业文化的行为层

企业文化的行为层也称企业行为文化,是企业文化的第二层,即较浅层的企业文化。它是指企业员工在生产经营、学习娱乐中产生的活动文化,包括企业经营、教育宣传、人际关系活动、文娱体育活动等文化现象。企业行为文化是企业经营作风、精神面貌、人际关系的动态体现。如海尔的售后服务人员及时、快速、优质的售后服务行为,所表现出的"真诚到永远"的文化;日本员工对工作的谨慎、细心、不厌其烦,所表现出的忠于企业、忠于工作的"忠孝"文化,都属于行为文化。

企业行为文化通常通过企业人的行为和企业人际关系体现出来。具体而言,企业人的行为集中体现为企业家行为、模范人物行为和企业员工行为;企业人际关系是企业中人们围绕生产经营而进行的各种相互交往与联系。一般而言,企业中存在两种交往沟通关系:一是纵向关系,即企业中管理者与被管理者、上司与下属之间的人际关系,属于企业内部不同层次的序列关系;二是横向关系,即企业中同层次人员之间的人际关系,也称平行关系,双方有共同的活动空间,有着相同的权利义务关系,在地位上是平等的,不存在主从关系。横向关系和纵向关系共同构成了企业中的人际关系网络。①

---

① 　陈亭楠:《现代企业文化》,企业管理出版社 2003 年版,第 110—111 页。

（3）企业文化的制度层

企业文化的制度层即企业的制度文化，是企业文化的中层，主要包括企业的领导体制、组织机构和企业管理制度等三个方面。其中，企业领导体制的产生、发展、变化是企业生产发展的必然结果，也是文化进步的产物；企业组织机构是企业文化的载体，包括正式组织和非正式组织；企业管理制度是企业在生产经营时所制定的、起规范保证作用的文件。这些共同构成了企业文化的制度层。

企业制度文化是人与物、人与企业运营制度的结合部分，它既是人的意识形态与观念形态的反映，又是由一定物的形式所构成，同时也是精神与物质的中介。它既是适应物质文化的固定形式，又是塑造精神文化的主要机制和载体。

俗语说，无规矩不成方圆。制度对于一个企业的重要性显然毋庸赘言，重视制度文化建设早已是企业家的共识。如今，即使最蹩脚的企业管理者也懂得通过制定一系列规章制度来规范生产运营中的各个流程。他们不愿看到自己的员工上班总是迟到，不愿看到当经理不在的时候大家就开始闲聊或网络聊天，也不愿看到办公室里的东西总是很杂乱地堆在一起，更不愿看到有人利用上班时间干自己私人的事情或者还没到下班时间就冲出了办公室……总之，他们期望一切都能有条不紊，和谐有序。然而，人天生不喜欢被约束，也不喜欢被强制。假如没有企业制度文化的约束，任由员工的个性自由发展,企业的秩序又从何而来呢?

(4)企业文化的精神层

企业文化的精神层即企业精神文化,是企业文化的核心层,是指企业在生产经营过程中,受一定的社会文化背景、意识形态影响而逐渐形成的一种精神成果和文化观念,它包括企业精神、企业经营哲学、企业道德、企业价值观念、企业风貌等。相对于企业物质文化和行为文化而言,企业精神文化是一种更深层次的文化现象,是企业物质文化、行为文化的升华,在整个企业文化系统中处于核心地位。

如果说企业物质财富及与此相关的经营活动是企业的经济基础的话,那么,企业精神文化就是企业的上层建筑。具体而言,首先,企业精神文化是由企业精神力量所形成的一种文化优势,是由企业信念、道德、心理等诸多因素综合形成的一种企业文化精神力量,是促使企业不断发展、创新的动力源泉;其次,企业精神文化是企业人文化心理沉淀的一种群体意识,它深深地植根于企业人的心里,并通过一定的文化网络在惯常的习俗或文化仪式中体现出来,进而得到继承和发展。企业精神文化是企业文化的核心,作为一种无形的精神力量,它能对企业员工的精神面貌产生作用,并且通过文化系统中的行为文化来促进企业物质文化的增长。

企业文化根据不同标准可以划分出很多类型,主要有以下几种类型划分。

第一,根据企业的发育状态可以把企业文化分为以下几种类型:成长型企业文化——成长型企业文化是指企业初创阶段所具有的一种年轻的、充满活力的企业文化类型,因此又称为创业型企业文化;成熟型企业文化——这种文化是指企业发展到一定阶段以后所形成的一种个性突出且相对稳定的文化类型,因此又称为守业型企业文化;衰退型企业文化——这是一种企业处于衰退没落时期一种不合时宜、阻碍企业进步和发展的企业文化,因此又称为败业型企业文化。

第二,根据企业所处的市场角度可以把企业文化分为以下几类:强人文化——这是一种高风险、快反馈的文化类型,总是试图赢得巨大的成功、最优的竞争力和价值,这种文化多出现在建筑、风险投资以及娱乐业等;①拼搏和娱乐文化——这是一种低风险、快反馈的文化类型,具有生机勃勃、运转灵活等特点;赌博文化——这是一种高风险、慢反馈的文化类型,人们重视理想、重视未来,具有极强的风险意识,主要出现在石油勘探、航空航天等企业;过程文化——这是一种低风险、慢反馈的文化类型,核心价值为使用完美的技术和科学的方法解决问题,做到过程和具体细节的绝对正确,如各种各样

---

① 姜岩、林泽炎、陈红:《企业文化建设与高效管理》,广东经济出版社 2002 年版,第 25 页。

的银行等金融企业。

　　第三,根据企业文化的运行及表现形式可以把企业文化分为以下五种类型:民主型企业文化——这类企业文化有共同的价值观念,员工能够知晓企业的重大事情、讨论企业的重大措施,责任分解落实到每一位员工。这类文化还表现在权力上的共享,在权力运用、利益分配上贯彻民主原则。专权型企业文化——这种企业文化的特点是权力高度集中,个人决策占据主导地位,企业管理职能绝对集中,控制手段严密,赏罚制度严厉。企业员工的参与意识和参与程度较低,崇拜权力和权威,双方往往缺乏理解。伦理型企业文化——其特点是推崇人与社会、人与企业、人与人之间的相互融洽认同的亲和力,把伦理关系作为维系企业秩序的精神支柱和企业运行的基础,着重于培养和强化忠于职守、安于本行、敬业爱业的道德信念。法理型企业文化——强调企业规章制度的权威性、强制性,以制度严格约束员工,使员工的行为方式标化。这种企业文化能够培养企业员工的法治观念,有利于管理行为的步调一致和有效的管理控制。权变型企业文化——特点是没有固定不变的模式,其管理思想和管理方式依据工作性质、工作特点、环境条件、员工素质和领导风格等具体情况确定,往往采取实用主义的态度综采各家特点。

　　第四,根据内容特质可以把企业文化分为以下六类:目标型企业文化——以企业的最高目标为核心理念的企业文化类型,具有这类文化的企业,在产品开发、市场营销、内部管理上都追求最高、最强、最佳,力争卓越、创造一流是企业的最高精神境界,是企业的基本经营宗旨和管理哲学。竞争型企业文化——以竞争为核心理念的企业文化类型,这些企业把增强企业的竞争意识和竞争能力作为建设企业文化的重点,从企业精神的表述到企业经营管理的方式方法等,到处都渗透着竞争精神,体现企业追求卓越、赢得优势的价值追求。创新型企业文化——以创新为核心理念的企业文化类型,在这种类型的企业文化中蕴涵着强烈的创新意识、变革意识和风险意识,一切从未来着眼,求新求变。一般在高科技企业中这种文化特征表现得比较明显。务实型企业文化——以求真务实为核心理念的企业文化类型,把企业工作效率和经济效益高低作为衡量各项工作的唯一标准。企业内部从领导到员工都有一种鲜明的诚实性格和脚踏实地的工作作风。团队型企业文化——以团队精神为核心理念的企业文化类型,它强调以人为中心,倡导集体主义精神和团结协作精神。其企业行为特征是,一般采用集体决策方式,在工作中强调个人目标与集体目标的一致性,鼓励员工亲和一致,把精诚团结、形成一个拳头作为取得经营优势和谋求企业发展的根本。传统型企业文化——以突出民族优良传统、企业历史传统为特征的企业文化类型,具有这种文化的企业,具有强烈的社会责任感和自力更生、艰苦奋斗、勇于奉献、积极敬业、严肃认真、对人民高度负责的精神。

2. 企业文化的基本功能

以价值观为核心的企业文化,对于企业的生存和发展来说可能不是最直接的因素,但却是最核心、最持久的因素,具有多重重要的功能。纵观世界成功的企业,其秘诀往往在于其深厚优秀的企业文化。[①]

(1)导向功能

企业文化的导向功能是指企业以自己的价值观和目标指引员工向企业生产与经营的既定目标前进。[②] 这种导向功能首先体现在它的超前引导方面,这种引导是通过企业的价值观和目标的培训教育起作用的;企业文化的导向功能还体现在它对员工行为的跟踪引导。由于企业价值观是企业多数人的"共识",因此,这种导向功能对多数人来讲是建立在自觉的基础之上的。他们能够自觉地把自己的一言一行经常对照企业价值观进行检查,发扬优点,改正缺点,力求使自己的行为符合企业目标的要求。卓越的企业文化,规定着企业崇高的理想和追求,总是引导企业主动适应健康的、先进的、有发展前途的社会需求,从而把企业导向胜利。

[①] 任志宏等:《企业文化》,经济科学出版社 2006 年版,第 108—109 页。

[②] 张仁德、霍洪喜主编:《企业文化概论》,南开大学出版社 2000 年版,第58 页。

（2）激励功能

激励功能是指运用激励机制和艺术，使员工产生一种情绪高昂、奋发进取的力量。企业文化的加强使企业有明确的目标，各个岗位又有自己的责任，员工之间相互尊重。在共同文化观念形成的群体意识驱动下，员工的责任感、事业心会得到逐步加强。这种良好的企业文化氛围，对员工的积极性、主动性和创造性的发挥，能源源不断地提供激励性力量。发挥企业文化的激励性功能，最有效的途径就是坚持精神激励和物质激励相结合的原则，强化整体激励机制。

（3）凝聚功能

企业的凝聚力是指企业和员工的相互吸引力，具体是指企业对员工的吸引力以及员工对企业的向心力。凝聚功能是指从企业的各个方面，将其成员团结起来，形成一种向心集中、聚合、凝结的合力。这种凝聚力对企业来说至关重要。优秀的企业文化能够使广大员工产生对企业目标、准则、观念的认同感和作为企业员工的使命感，从而进一步产生对自己本职工作的自豪感。企业文化在强化企业凝聚力方面把亲密情感、强化共识、目标认同等作为强化企业凝聚力的关键因素。① 企业文化像一根纽带，把员工个人的追求和企业的追

① 奚从清、谢健：《现代企业文化概论》，浙江大学出版社 2001 年版，第 34—35 页。

求紧紧联系在一起,像磁石一般,将分散的员工个体力量聚合成团队的整体力量。[1] 这是实现合拢管理最重要的途径。企业文化比企业外在的硬性管理方法本能地具有一种内在凝聚力和感召力,使每个员工产生浓厚的归属感、荣誉感和目标服从感。

(4)规范、协调与约束功能

企业文化的约束、协调和规范功能主要是通过道德约束和制度控制来实现的。这种规范约束功能表现在两个方面,一是企业文化中的制度文化建设,是以企业文化的实质指导为导向所形成的规定和规则;二是自我约束,这是在制度中没有规定的行为、语言、形象和方法,在自觉中不断自我约束,企业文化是无声的管制和规范。企业文化的约束功能不仅体现在对员工的约束上,也体现在对企业本身的约束上。企业本身也应该坚持和维护优秀的企业文化。企业文化的协调功能能够协调企业与社会的关系,使企业与社会和谐一致。通过企业文化建设,企业能够尽可能地调整自己,以便适应公众的情绪,满足顾客不断变化的需要,跟上政府新法规的实施等。[2] 企业文化可化解企业相互之间由于竞争而带来的摩擦,可以缓和人际关系,促进企业物质文明和精神文明协调发展。

---

① 任志宏等:《企业文化》,经济科学出版社 2006 年版,第 108—109 页。
② 罗长海、林坚:《企业文化要义》,清华大学出版社 2003 年版,第 128—129 页。

二、企业文化与民族文化

所谓民族文化,是指在一定的国家或地区内由一个民族或多个民族共同构成的国民文化,是由一个民族的知识、信仰、艺术、道德、习惯、生活方式、思维方式和社会规范等所构成的一个复杂的有机体,是在一个民族的发展过程中,经过世世代代的扬弃和创新而积淀形成的。民族文化具有该民族成员所普遍接受的文化模式。[①] 它具有如下三个特征:一是具有明确的国民性,具有很强的民族性,是一个有机整体;二是具有主体性,这种国民文化可能由一个或多个民族构成,但必然有一个主体民族,如中国文化的民族主体就是汉族;三是具有兼容性,如美国文化就在保持其民族文化特性的同时,吸收了世界上许多其他民族的文化特征,并形成其特有的文化。[②]

企业文化的本源在于民族文化,任何一个企业总是生存在一定的民族文化环境中,其资本、产品和人员可以跨国界、跨民族,但无论怎样,它都离不开一个特定民族文化的影响,要么其主要员工队伍属于某一个民族,要么其注册地坐落在具有某一特定民族文化的地区或国家。一个企业的文化必定

---

① 刘志迎:《企业文化通论》,合肥工业大学出版社 2004 年版,第 58 页。

② 万君宝:《民族文化与企业文化》,江西人民出版社 2003 年版,第 3—4 页。

是以当地民族文化为基础的,这决定了企业所形成的企业文化具有明显的民族特性。企业文化与民族文化之间有着密切的关系。①

第一,企业将自身的民族文化习性带入企业。企业管理活动是人的活动,而人属于一定的民族,具有一定的民族文化心理素质、思想观念、传统习惯、思维方式和行为准则,无论是企业活动中的管理者,还是企业活动中的被管理者,都是在一定的民族文化环境下成长起来的,都具有民族文化遗传的因子。

虽然民族文化是人创造出来的,是人对外部世界的经验知识和价值思维的肯定形式,但民族文化一旦被创造出来,它的存在、价值和意义也就"不随尧存,不为舜亡",成为一个超有机的文化世界,存在于整个社会群体和历史活动中了。"观念和文化的东西是不能改变世界的,但它可以改变人,而人是能够改变世界的。"②这些文化观念的东西都存在于人们的思想深处,作为普通人,在进入企业或成为企业人的时候,随之也就把这些民族的习性带入了企业,使其成为企业文化的重要来源之一,从而影响着企业的生产经营活动。

---

① 有关企业文化与民族文化关系的详细探讨参见刘志迎:《企业文化通论》,合肥工业大学出版社 2004 年版,第 60—65 页。

② 司马云杰:《文化价值论——文化价值哲学》,山东人民出版社 1992 年版,第 41 页。

　　第二，企业文化受民族文化环境的潜移默化的影响。企业文化的民族性是先天存在的。企业从它产生之日起，就坠入了特定的民族文化环境之中，受到民族文化的熏陶和影响。企业文化受民族文化潜移默化的影响，无论它是多么有个性的文化特质，都难以摆脱民族文化的渗透。民族文化的强大渗透力和感染力，会从多个角度、多个层面、多个渠道穿越企业的边界，在企业机体内扎根并逐渐发展扩散。民族文化通过人的活动渗透到企业内部。企业是由人组成的企业，民族文化的核心要素深藏在人的精神深处，影响着企业人的思维方式、心理特点、价值判断、决策模式和交往方式。

　　第三，民族文化影响企业的对外文化。企业作为一个经济组织，要与许多机构和部门发生联系，包括供应商、政府部门、金融机构、竞争对手、社区、媒体和消费者组织等。在对外交流和交往中，必须要适应这些组织的文化，要有文化沟通。只有当该企业的文化中带有与这些组织共同的文化观念、价值认同、行为规范和道德认同的时候，沟通才能顺畅有效。一个企业组织在接受这一民族文化时，认同了该民族的文化，并用该民族的文化语言、文化视角、文化习俗和文化准则对外讲话时，才有资格与该民族进行正常交往；否则，就会处处碰壁，无法在特定的民族文化环境中生存。

　　企业要建立适应民族文化环境特征的企业文化，并在这一种文化价值体系中从事生产经营活动，如企业的产品设计、促销广告等都会深深地打上具有特定民族文化的烙印。就一般的国内企业而言,其民族文化的特点就更加明显。它不可能脱离民族文化的特性而另行一套所谓的本企业的文化。企业文化的形成,不是内部独立形成的,而是在与其他社会组织的相互交往中,汲取诸多有益于企业发展的有用成分,是在与其他社会组织的互动中逐渐形成的。因而可以认为,企业文化在企业对外交往过程中,主动接受民族文化的因子,并注入到企业文化的体系,形成企业文化的民族文化特性。

第四,民族文化影响企业的对内管理文化。企业内部管理思想的发展与特定的民族文化的发展有着内在的、本质的联系。正如马克思所说,"人们创造自己的历史,但是他们并不是随心所欲地创造,并不是在他们自己已选定的条件下创造,而是在直接碰到的、既定的、过去继承的条件下创造的"。① 企业管理的主体是人,而人都有自己特定的民族文化背景和民族文化传统。因此,在企业管理中,必须尊重人的民族文化习惯、风俗,必须顺应民族文化心理特征和思维方式,遵从民族文化下所形成的道德规范,用民族文化积极引导广大员工形成开拓进取精神和创造意识,从而打造具有特定民族文化特征的优秀企业管理文化。

----

① 《马克思恩格斯全集》第 4 卷,人民出版社 1987 年版,第 109 页。

三、中国企业文化的基本特征

与西欧和美国相比,中国企业文化的形成和发展历史相对较晚。然而,由于中国传统文化尤其是儒家文化的巨大作用和魅力,对中国企业文化的形成和发展起到了相当大的影响,所以中国企业在中华民族独特的文化心理、风俗习惯、价值观、伦理道德的影响下,很快形成了自己独具特色的企业文化。受中国传统文化的影响,中国企业文化具有诸多鲜明的特点:第一,中国企业文化注重伦理道德,表现出浓厚的伦理色彩。尽管中国企业文化的表现形态是多种多样的,但伦理道德问题始终是企业文化的中心内容,在企业日常活动中,干部的优劣、职工的好差、企业的决策与行为合理与否,往往以道德和伦理标准来衡量,而往往不是以客观经济效果来评判的。第二,政治色彩浓厚,是一种政治经济相结合的企业文化。西欧国家的企业是一种与政治组织截然不同的经济组织,它以追求企业利润为主要目标,企业文化具有明显的经济文化特征。而我国的企业在传统计划体制下,附属于各级行政管理部门,其行为带有很强的行政性,不适当地强化了企业文化的政治色彩。第三,"人治"与"法治"相结合的非制度型企业文化和社会功能。从总体上说,我国的企业文化建设活动仍然处在起步阶段,所以"法治化"的局面并未真正形成,

"人治"的成分仍然相当严重,严重制约了企业的规范化和制度化的发展历程。

具体而言,中国企业文化具有如下基本特征:

1. 注重以人为本的管理方式

中国企业文化的重要特征之一就是以人为本,将对人的管理和对物的管理有机结合起来,以人的管理为主。在中国的传统文化中,以人为本的科学内涵需要从两个方面来把握。首先是"人"这个概念。"人"在哲学上,常常和两个东西相对,一个是神,一个是物,人是相对于神和物而言的。因此,提出以人为本,要么是相对于以神为本,要么是相对于以物为本。① 中国历史上的人本思想,主要是强调人贵于物,"天地万物,唯人为贵"。《论语》记载,马棚失火,孔子问伤人了吗,不问马。在孔子看来,人比马重要。这就体现了以人为本的思想。

中国企业重视人的价值和人格,正确把握人性的本质。以人为本的管理的基本思想就是人是管理中最基本的要素,人是能动的,与环境是一种交互作用:创造良好的环境可以促进人的发展和企业的发展;个人目标与企业目标是可以协调的,将企业变成一个学习型组织,可以使得员工实现自己的目

---

① 任志宏等:《企业文化》,经济科学出版社 2006 年版,第 249—250 页。

标,在此过程中,企业进一步了解员工使得企业目标更能体现员工利益和员工目标;以人为本的管理要以人的全面发展为核心,人的发展是企业发展和社会发展的前提。以人为本管理的重要性在于它是提高企业知识生产力的重要条件。① 企业的知识生产力指企业利用其知识资源创造财富的能力,是适应企业国际化经营的基本管理方式,是建立企业中人与其他要素良好关系的必要条件,是企业持续发展的基石。

"以人为本"的管理,指在管理过程中以人为出发点和中心,围绕着激发和调动人的主动性、积极性、创造性展开的,以实现人与企业共同发展的一系列管理活动,具有下列几个特点:(1)以人为本的管理主要是指在企业管理过程中以人为出发点和中心的指导思想;(2)以人为本的管理活动围绕着激发和调动人的主动性、积极性和创造性来展开;(3)以人为本的管理致力于人与企业的共同发展。

人是企业文化系统的中心,企业文化建设归根到底是人的建设。人是决策的动议者和执行者,也是企业文化的创造者和受用者。所以,构建当代中国企业文化,首先要树立以人为本的思想,在企业文化体系中确立"尊重"精神,在所有者、劳动者之间相互承认彼此的价值,接受彼此的权益,尤其要尊

---

① 赵曙明:《东西方文化与企业管理》,中国人事出版社 1995 年版,第 102 页。

重知识创新者、管理创新者和制度创新者的权益。以人为本的管理遵循以下原则：一是重视人的需要，二是鼓励员工为主，三是培养员工，四是组织设计以人为中心。

中国企业吸取了传统文化的精髓，形成了人本管理的优秀企业文化，建立了自我发展、自我激励、自我约束的奖惩机制和人员培训机制。长虹集团用"干部能上能下，职工能进能出，收入能高能低，机构能设能撤"的"四能"机制，并投资3000万元建成了设施先进的职工培训中心；科龙集团则实行"内部行销"、"对内以员工为导向"的人本管理模式；海尔则有"人人是人才"、"赛马不相马"的人才理念，采取竞争上岗的办法选择人才，正如张瑞敏所说："你能翻多大的跟斗，我就给你搭多大的舞台。"中国企业已经充分认识到了人的价值，企业努力为员工创造一个良好的工作和生活环境，给员工以崇高的奋斗目标和具有挑战性的工作。中国的人本管理思想，从整体上更加注重个人和集体的关系，个人总是在集体中得到发展，而不讲究个人英雄主义。①

2. 注重和为贵的思想

和为贵的思想是中国企业文化的另一个重要特征，这是

---

① 刘安：《中法企业文化比较研究》，《天津商学院学报》2002年第2期，第17页。

中国企业吸收了儒家学说而形成的人生哲学和伦理观念。中国文化精神的内核就是以和为贵的中庸精神,这种精神深深地渗透到人与自然、人与人以及人与社会之间的关系,自然也深刻地影响了中国企业文化。① 以和为贵的企业文化就是要相互尊重,注重和谐人际关系的培育。在中国凡有成就的企业,都体现着一种"人和"、"亲和"的精神。中国企业的员工除了工作以外,通常还要参加一系列企业组织的社交活动,通过这些活动来增进相互之间的感情,培养合作精神。在中国企业里员工相互之间的人际关系有时甚至比工作业绩更重要,因为良好的人际关系就意味着更多的肯定和晋升机会,良好的人际关系也会带来更多的工作便利和更少的前进阻力。人际关系好坏经常是评价员工工作能力甚至人品的重要依据。另一方面,上级要关心员工。在中国企业中,管理层懂得要对员工给予足够关心,与员工建立良好的关系,让员工感受到管理层对自己的体谅、理解与重视,从而产生与企业休戚与共、同心同德的忠诚感,努力为企业作出贡献。例如,在一些企业里,员工会得到一些经济补贴;而有些企业还提供了福利措施,为员工的家庭提供减租的住宅,为员工的孩子提供托儿所、学校,还提供保险等。这样一来,员工发现自己的利益与企业的利益休戚相关,会极大地增加对公司的忠诚度。

---

① 王玉芝:《中西文化精神》,云南大学出版社 2006 年版,第 175—178 页。

3. 团队精神

中国企业向来注重团队精神,团队精神是深受集体主义影响的中国企业文化的重要内容之一。所谓团队精神是指团队的成员为了团队的利益和目标而相互协作、尽心尽力的意愿与作风。首先是团队的凝聚力,这是针对团队和成员之间的关系而言的。团队精神表现为团队强烈的归属感和一体性,每个团队成员都能强烈感受到自己是团队当中的一分子,把个人工作和团队目标联系在一起,对团队表现出一种忠诚,对团队的业绩表现出一种荣誉感,对团队的成功表现出一种骄傲,对团队的困境表现出一种忧虑。当个人目标和团队目标一致的时候,凝聚力才能更深刻地体现出来。其次是团队合作的意识,这是团队和团队成员表现为团结协作、共为一体的特点。团队成员间相互依存,同舟共济,互敬互重、礼貌谦逊;他们彼此宽容、尊重个性的差异;彼此间是一种信任的关系,待人真诚、遵守承诺;相互帮助、相互关怀,大家彼此共同提高;利益和成就共享、责任共担。[①] 良好的合作氛围是高绩效团队的基础,没有合作就谈不上最终很好的业绩。第三是团队士气的高昂,这由团队成员对团队事务的态度体现出来,表现为团队成员对团队事务的尽心尽力及全方位的投入。概

---

① 孙彤:《组织行为学》,高等教育出版社 2000 年版,第 65—67 页。

括地说,士气的概念包括几个关键要素:热情、奉献、共同目标和统一合作。

中国企业认为,一个好的企业,首先应该有鲜明的团队精神,否则,就不会有统一的意志与行动,就是一盘散沙。团队精神是纽带,是灵魂,是企业的精神支柱,离开这个精神支柱,企业就是一潭死水,就毫无活力与竞争力可言。有团队协作精神,从而有配合默契的凝聚力的优秀团队,就犹如猛虎添翼,所向披靡。[①] 所以中国企业都注重从多个方面培养团队精神:一是培养员工树立良好的精神风貌,包括主人翁精神、敬业精神、团结协作精神及创新精神等;二是培养员工形成高尚的道德品质,包括培养员工的勤奋态度、忠诚品质与宽容度等;三是培养员工养成良好的行为习惯,包括培养员工的主动意识、爱好学习的良好习惯、合作意识,培养团队成员的密切关系等。

4. 实业报国、服务社会的理念

中国近代民族资本在创办、经营企业过程中,大都怀有"富国图强"、"实业救国"、"服务社会"的爱国思想。这些实业报国、服务社会和爱国主义思想,是中国近代民族资本主义文

---

　　① 赵曙明:《东西方文化与企业管理》,中国人事出版社 1995 年版,第111—113 页。

化的精髓。解放后,中国社会主义企业在中国共产党的领导下,表现出更为强烈的社会责任感和勇于奉献的精神。如大庆人在极其艰苦的条件下,战天斗地,展开石油大会战,建成了具有世界先进水平的大油田,表现了中国工人阶级强烈的爱国主义、民族自豪感、主人翁责任感和献身精神。当中国进入发展市场经济的新阶段,这种强烈的社会责任感和奉献精神,仍然是中国众多企业的最高追求。

另外,历史传统文化的深刻影响,使中国的企业文化目前从总体上讲仍表现出很强的"人治"特色,缺乏追求理性和法治的精神。[①] 随着社会的变革和进步,相信未来中国企业文化将会向淡化"人治"、追求"法治"的制度型企业文化方向演化。

5. 集体主义

中国传统文化注重集体主义,重视集体的价值与利益。在个体与集体利益发生冲突时,集体利益高于个体利益,所谓"忠孝不能两全"、"官身不自由"等,都说明了这种一以贯之的集体至上、以公抑私的价值取向。在儒家看来,无论"个体"还是"集体",在很大程度上都是指社会的某一组成单位,而绝不

---

① 曹诗图、杨宇:《欧、美、日、中企业文化比较》,《三峡大学学报(人文社会科学版)》,2001 年第 2 期,第 83 页。

是某种相对独立的个人存在或集体存在；人的价值只有在人与人的关系中才能得以实现，人的价值不只是满足一己之私欲，"人"还是一个"社会的人"、一个"政治的人"。只有在这种关系中，人才能成为一个真正的"人"，这就必然导致重集体而轻个体的价值取向。① 另外，中国儒家认为，群体是尊卑有序的，在群体中的个人必须按其所处的等级身份行事，即"人"还是一个"伦理的人"。这些观念至今还在影响着中国企业的管理模式和行为，形成强调"群体至上"的集体管理，表现在如下几个方面：

（1）在企业人际关系方面，由于重集体轻个体的传统，加之推崇"中庸之道"，所以企业中主张人与人要和谐相处，讲"仁"、"爱"、"诚"，"中和"待人，"不偏不倚"，说话、办事讲分寸；又由于盛行家族主义，强调家族伦理的和谐与稳定，推而广之，往往使家族伦常关系融合在企业管理模式中，在企业内形成了较为和谐的人际关系环境，企业内讲"人和"，重"亲和"。中国许多近现代民族资本企业靠这种"人和"、"亲和"精神，增强了企业自身的凝聚力和向心力，保证了它们能在内忧外患的环境中生存，并得到一定发展。与西方的管理模式相比，这种文化特征有利于减少人际间的摩擦和冲突，然而也容易产生一些负面影响，如"窝里斗"、遇事互相推诿、找熟人、拉

---

① 张家鹏：《中国文化概论》，辽海出版社 2002 年版，第 283 页。

关系、拉帮结派等不良风气。

（2）在企业组织制度变革方面，受群体利益至上思想的影响，加之缺乏像西方那种激烈的商业竞争环境，因而中国国营企业管理养成追求安全、稳定的个性，尽量避免不确定性、不协调性。习惯于渐进式，不易接受大起大落、跳跃式的变革，不善于企业制度创新。遇事谨慎从事，考虑问题周全细致，瞻前顾后，注意协调各方关系，一般缺乏风险意识和冒险精神，容易形成因循守旧、墨守成规的习惯，不利于开拓进取。

（3）在企业的公与私关系方面，中国国营企业过去由于不适当地强调集体主义，崇尚"公而忘私"、"任劳任怨"、"以厂为家"等思想，只讲奉献，不讲报酬，个人劳动得不到应有的物质利益回报。有些人则养成懒惰思想，吃公家的、喝公家的。这一做法严重挫伤了群众的积极性，造成工作没有个人成就感，个人也不能从工作中获得极大乐趣，能力无法充分发挥，因而个人价值也无法彻底实现，最终影响生产力发展。

（4）在企业上下级关系方面，中国国营企业虽然原则上说职工在企业中有主人翁地位，但实际上不同程度地存在着封建"大家长"做法，在职工的潜意识中存在着封建等级意识，崇拜领导权威，领导说了算，搞"一言堂"，压制不同意见。而一般群众则抱着能忍则忍、和气生财、大事化小、小事化了、求同存异的思想，什么事也不较真，也"不值得"去较真，最后不了了之，维持着天下太平的景象。另外值得一提的是，美国人也讲集体主义,但美国的集体主义有其特定的含义,它并不意味着牺牲个人利益去服从集体利益,也没有把个人利益融合到集体利益中去,而是通过集体合作的形式和力量来实现个人利益。集体主义的核心仍然是维护和发扬个人主义,否则个人主义仍会促使人们离开这个集体,去寻找一个能实现自己目标的集体。因此,美国的集体主义是"个人本位"的集体主义,而中国则是"集体本位"的集体主义,两者形同而实异。

6. 理想主义

中国传统文化是一种伦理型的文化,[①]有的学者认为,中国传统文化的基本精神可以概括为"尊祖宗、重人伦、崇道德、尚礼仪"。中国在数千年的农业时代,由于受战乱频仍之苦,使人们关注社会道德伦理甚于关注自然,由关注现实社会治乱,而重视现实社会的伦理政治,进而重视社会生活中的各种事物与行为的道德价值。这是一种务实的表现,但久而久之,这种伦理中心主义使中国传统文化形成一种唯伦理或泛伦理化思维。今天如果我们以一分为二的观点看问题,就会发现中国传统伦理教化既是实用的,也是理想的,因为它包含着对实用的超越,即古人或前人对于某种崇高的道德理想的不懈

---

① 　任剑涛:《道德理想主义与伦理中心主义》,东方出版社 2003 年版,第 2 页。

追求,此谓之道德理想主义。这具体表现在如下几方面:

(1)平均主义。向往经济上的平均,是中国传统文化的基本精神,是儒家治国安民的理想手段。孔子"不患寡而患不均,不患贫而患不安"的说法正是这一理想的典型反应,它与中国文化中知足、安贫、不争、克己、为富不仁等价值观念相一致,成为支配人们行为模式的普遍理想和要求。在中国过去的国营企业里,由于受这种小农思想以及"文革"时"极左"思想的影响,盛行"大锅饭",分配上搞平均主义,反对物质鼓励,反对领导搞特殊化。这种做法与现代市场经济制度相抵触,也与社会主义各尽所能、按劳分配的原则相矛盾,严重制约了人民群众积极性与创造性的发挥,阻碍了生产力的发展。

(2)富国图强的企业理想。在半殖民地半封建社会里,中国民族资本企业处在既依赖外国资本主义,又不断地同帝国主义侵略和封建主义压迫进行斗争之中。民族资本企业在夹缝中求生存,使这一时期的企业文化表现出强烈的民族精神和民族意识,他们爱国爱民、自强自立,具有远大的理想和抱负;在社会主义建设时期,中国国营企业的领导与群众,在爱国主义理念的鼓舞下,自力更生,奋发图强,发展了民族工业,壮大了国家的经济实力。

(3)以厂为家的主人翁精神。新中国成立后,中国的国营企业在党的领导下,企业职工受社会主义和共产主义思想的熏陶,关心集体,顾全大局,无私奉献,全心全意为人民服务,表现出崇高的集体主义精神。

(4)伦理中心主义。传统企业文化十分注重伦理道德。无论是干部的任命考核,还是企业经营绩效的衡量和判断,乃至企业决策,在一定程度上都不是以客观经济效果作为价值评判的依据,而是以道德规范和伦理标准作为衡量的基本尺度。因此,干部职工是否胜任自己的工作这一问题,有时实质上就等于他们的品德和思想修养是否过关的问题,因而企业领导者往往更重视"道德形象",而不大注意企业的经济效益;更为重视员工对道德完善的追求,而不大重视员工对物质利益的追求。① 受伦理中心主义的影响,中国国营企业忽视了经济的发展和职工物质生活的改善,也妨碍了中国企业法律和规章制度的现代化建设,造成人们对道德规范谨小慎微的遵从心理,从而妨碍了企业思想观念与企业文化的创新。

(5)中国特色的企业文化。中国的企业文化是建立在以社会主义公有制为主体的多种经济成分并存的所有制基础上的,社会主义企业文化建设是社会主义精神文明建设的组成部分。社会主义精神文明建设的根本任务是培育"四有"新人,它也是企业文化建设的根本任务。中国特色的企业文化要体现社会主义、爱国主义、集体主义,体现"三个代表"的重

① 华锐:《企业文化教程》,企业管理出版社 2003 年版,第 279 页。

要思想,代表先进文化的前进方向,因此,中国特色的企业文化具有鲜明的理想主义色彩,反映一定的道德理想和政治理想。

(6)树立榜样。英雄人物是企业文化的重要因素之一,也是企业精神的集中体现和代表者。在中国传统企业里,英雄人物常常被称作是"榜样",人们常说榜样的力量是无穷的。这里,"榜样"一词具有特殊的含义,它首先体现的是一种道德理想人格。中国企业历来重视发挥榜样的作用。20世纪五六十年代,涌现出以王进喜为代表的一批典型人物,"铁人精神"极大地激励了广大人民群众。在他们身上表现出了顾全大局、勇挑重担的主人翁精神,知难而上、艰苦奋斗的实干精神,不计报酬、无私奉献的精神,这种革命英雄主义和革命理想主义精神曾经鼓舞、激励过一代又一代企业人。

四、西欧企业文化的基本特征

受西方文化的影响,西欧企业文化具有许多与受儒家文化影响的中国企业文化显著的不同之处。西欧企业文化具有如下基本特征:

1. 个人主义

个人主义是西欧的核心价值观念,是西欧各民族精神的本质。但西欧所说的个人主义同汉语里的个人主义是不同的,汉语中的个人主义含有损人利己等贬义;而西欧人讲的个人主义,据《简明不列颠百科全书》所下的定义,是"一种政治与社会哲学,高度重视个人自由,广泛强调自我支配、自我控制、不受外来约束的个人或自我"。它包含有"等价交换"的资产阶级信条,即"我信我的个人主义,但也尊重你的个人主义"、"你自己独立,也要尊重别人独立"。个人利益不能让别人随意侵犯,自己也不任意侵占别人的利益。个人主义强调个性、个人价值、个人权利和个性解放。个人主义是西欧企业文化的重要特征。在他们的观念中,人是高于组织的,组织只不过是特定人群的集合,是人的派生物。因此,西欧企业一般能够在尊重个人价值、个人选择的前提下,最大限度地发挥人的潜能和创造力,为促进个人发展和社会进步作出贡献。"个人主义"与"能力主义"紧密相连,它强调在个人自由、机会均等的基础上进行充分竞争,人们相信竞争可以推动社会发展,风险创业、机会创业的观念较浓。[①]

事实上,在西欧企业中强调的个人主义的核心内容是每一个人都是自己前途的主人,鼓励雇员具有个人奋斗、敢于冒险、不断创新、出人头地的向上精神。所以,个人主义常常以能力主义为基础,以权威主义为表现。西欧的管理哲学强调

[①]　曹诗图、杨宇:《欧、美、日、中企业文化比较》,《三峡大学学报(人文社会科学版)》2001年第2期,第82页。

个人奋斗,强调在"个人自由"、"机会均等"的基础上进行个人能力的发挥。西欧公司不仅鼓励职工发挥个人能力,而且对职工的绩效评估坚持能力主义原则。公司职工承认差别价值,职工的考核和晋升以工作业绩与能力水平为依据。能力主义既拒绝以身世、资历、年龄和工龄作为晋升参照,也反对把学历、文凭作为晋升的重要凭证,从而能够较好地保持晋升的客观性、公正性,促使人们去努力提高和发挥自己的能力。

西欧的个人主义在企业中有如下表现:

(1)企业雇员强调个人价值的自我实现。我有我的自信与勇气,有我的智慧、才能和力量,有我的个性、爱好与理想,有我的权利与义务,我应该到能够发挥自己特长的企业和岗位去成就一番事业。获得名利是自己的,别人无权分享;招致祸害也由自己承担,无需别人同情。企业雇员大都习惯于独立思考,认为自己的整个命运只操于自己手里。所以,西欧人在工作后与父母的联系不像我们中国人那样密切,他们认为独立自主比依赖他人更可靠。西欧人为了寻找一份理想的工作,常常变换工作,辗转迁徙,居无定所。企业也尽力为每个职工提供充分发展其潜力的机会,鼓励个人奋斗,表现出浓厚的个人主义色彩,这种个人主义价值观有利于最大限度地调动每个成员的创造性和潜能,使企业能够经常保持"创新活力"。

(2)尊重员工个人价值。与传统企业仅仅把员工看成是雇工,认为企业可以任意要求职工作出脑力和体力贡献,员工是"工具人"、是机器的观念不同,现在越来越多的西欧企业把员工的发展看成是企业的目标之一,重视工人教育、培训,实施充分就业政策,不轻易解雇工人。经理关怀工人,努力满足员工多方面的需要,尊重员工的个性、尊严与价值。许多欧洲公司如西门子等在其年报、宣言、各种演说中总是不遗余力地赞扬员工的努力、勇气和创造性。不少企业对雇员还给予充分"信任",相信他们的能力和忠诚,在具体工作中更多采用目标管理法和弹性工作制度,废除考勤钟,开放实验室用品仓库,给雇员留有更大程度的工作自由,以利于他们有机会创造性地完成工作。企业鼓励有突出成就的人,人们羡慕有突出成就的人。

在企业管理实践中,西欧企业管理者也比较注重个人意志,因此主观性比较强。这种个人主义的企业管理决策方式有权力集中、权责明确、指挥灵敏、行动迅速、工作效率高、易于考察领导业绩等优点,但同时也面临着个人专断等不足之处。但无论怎样,个人主义都是西欧企业文化不可磨灭的重要特征之一。

2. 善于充分授权

所谓授权,是指上级把自己的职权授给下属,使下属拥有相当的自主权和行动权。授权是西方现代管理诞生的重要标志之一,不善于授权会产生许多不良后果,主要包括缺乏明确的绩效评价标准,权责划分趋向模糊,导致对个人成就的逆向激励即"奖懒罚勤"①、"奖劣罚优"等现象。因此,授权程度的大小会产生不同的管理效果,也充分反映出不同的组织类型。授权具有四个特征:首先,其本质就是上级对下级的决策权力的下放过程,也是职责的再分配过程;其次,授权的发生要确保授权者与被授权者之间信息和知识共享的畅通,确保职权的对等,确保受权者得到必要的技术培训;第三,授权也是一种文化;第四,授权是动态变化的。

通常,在西欧企业中上下级之间的权力距离②较小,下级通常认为上级是"和我一样的人"。与组织结构扁平化的趋势相适应,西欧企业文化强调对组织结构中较低层级管理者的授权。与中国传统企业相比较,西欧企业中权力距离小得多。西欧企业文化特别强调授权,他们坚信最接近实际过程的人最了解实际情况和问题,对问题最有发言权。企业中管理人员通常都会给下属制定一个目标,然后由下属来达到目标和

---

①　所谓"奖懒罚勤",是指由于制度设计的不合理或缺陷所导致的反向激励,即不努力工作、工作结果一团糟的人能够得到奖励,而努力工作、成绩突出的人反而得不到奖励甚至受到处罚。"奖懒罚勤"现象在现实生活中非常普遍,许多制度设计都由于其设计者的疏忽而走向了其初衷的反面,从而导致了截然相反的效果。

②　所谓"权力距离",是指在企业中员工对上下级之间权力差距的接受程度。

效果。高层管理者只是以成果来衡量目标,至于下属用什么方式来完成任务和实现目标,他们基本不会干预。任何一个阶层的部门负责人,都可以在自己部门的范围内作出决策,只要不违反相关法律和公司的商业道德即可。例如,部门内员工的招聘、升级及相关人员的薪酬确定和调整,都是由部门经理来决定。上级不会越权把下级部门该管的事拿来处理。他会给你充分授权,不管你是多么小的一个经理,只要你下面有员工,归到你的部门管理,那么,你就有全权来管理并自主决定相关事项。

在充分授权的模式下,西欧企业的思维方式和沟通模式都发生了巨大变化。西欧企业在沟通时更注重事情本身,更注重合作,沟通更加积极主动,发表意见时也更直接公开、简明扼要,从而使企业内部沟通和交流更顺畅、更有效。

3. 崇尚创新、开拓和冒险精神

企业家往往最能代表一个企业的企业文化。创新,是西欧企业家的灵魂,是企业家品格的核心特征。大胆创新、敢于冒险、积极开拓进取的精神历来为西欧企业和企业家所尊崇。这也充分说明西欧企业文化重创新,崇尚冒险和开拓。西欧企业中的"企业家"(entrepreneur)一词最早源自16世纪初的法语,主要是指从事武装探险、开拓殖民地的将领,后来泛指冒险者。熊彼特认为,企业家精神是一种经济首创精神——

创新精神,是一个"不断推出新的生产组合的过程"。① 在熊比特眼中,企业家精神代表着一种适应市场挑战不断进行创新活动的品质。"创新"是企业家品格的核心和本质特征。美国管理学家彼得·德鲁克认为,从一般意义上讲,企业家是为谋取利润,并为此承担风险的人,是能开拓新的市场、引导新的需求、创造新的顾客的人。企业家是革新者,他们与众不同,有目的地寻求新的源泉,善于捕捉变化,并能把变化作为可供开发利用的机会。② 德鲁克曾经预言,我们所需要的是一个富于企业家精神的社会,在这个社会里,创新是正常的、稳定的、连续不断的需要。他把企业家精神和品格明确界定为创新。③ 熊彼特认为企业家采取了"生产要素的新组合",这些新组合是对旧秩序的"创造性破坏",而这种"破坏"从微观角度来看给企业家带来了"创新租金",从宏观角度来看则带来了经济变革和增长。因此,企业家是打破现有秩序和市场均衡的创造者,也就是市场活动中的"创新者"和"开拓者"。

与创新相联系,西欧企业文化同样崇尚"开拓进取"精神。这在西欧企业家身上表现得尤为明显。西欧优秀的企业家无

① [美]约瑟夫·熊彼特著、何畏等译:《经济发展理论——对于利润、资本、信贷、利息和经济周期的考察》,商务印书馆 2009 年版,第 127 页。

② [美]彼得·德鲁克著、彭志华译:《创新和企业家精神》,海南出版社 2000 年版。

③ 苟昂、程德俊:《论东西方企业家精神的演进与比较》,《现代管理科学》2003 年第 3 期,第 16—18 页。

一不是具有强烈的开拓进取精神的人,不断开拓新的市场、新的客户、新的产品和服务甚至新的产业。正是这种强烈的开拓进取精神促使西欧(如德国、英国、法国等)的众多企业跻身世界 500 强之列,也促使西欧国家的经济保持长期的活力与繁荣。企业家的"开拓"精神离不开必要的冒险。事实上,英语"企业家"的含义是指"冒险事业的经营者和组织者",法国早期政治经济学的代表人物萨伊认为,企业家是冒险家,是把土地、劳动力、资本等生产要素结合起来进行生产的第四个要素。他们在经营中要承担企业可能破产的风险。对一个企业家来说,不敢冒险才是最大的风险。企业家的冒险精神主要表现在企业战略的制定与实施上、企业生产能力的扩张和缩小上、新技术的开发与运用上、新市场的开辟上、生产品种的增加和淘汰上、产品价格的提高或降低上。①

西欧企业文化中的创新、开拓进取和冒险精神之间是相互联系、融为一体的。企业要想生存和发展壮大,就必须创新,而要创新就必须承受相应的风险并辅之以开拓进取的行动。

4. 强烈的危机意识

包括西欧在内的西方企业的文化特征中有一个共同特

---

① 吕爱权、林战平:《论企业家精神的内涵及其培育》,《商业研究》2006 年第 7 期,第 93—94 页。

点,就是具有极强的危机意识和风险控制能力,如微软所倡导的"我们距离破产只有三个月,但只要我们努力,破产就离我们永远只有三个月而不会到来"的文化理念。这种清醒的危机意识为企业的生存和发展带来了长远而持久的动力。[1] 首先,它使企业能够保持清醒的头脑,增强忧患意识,及时预见市场风险并做好应对之策,大大地增强自身抵御风险的能力;其次,企业能够客观地审视自身,清楚地认识到自己的不足,从而更加准确地进行组织定位,及时做好防范风险的各项工作,最大限度地规避风险;最后,这种具有强烈危机感的企业文化能够增强成员的危机感、紧迫感和使命感,促使员工不断通过努力与合作来改善组织状况,充分开发员工的潜能,促使企业更好更快地发展。事实上,风险随时随地都会存在,它不仅仅是带来损失,也可能意味着某种良好的机遇,成为企业文化生命力之所在,如能够在风险中抓住机遇并充分利用这些机遇,就能在激烈的竞争中转危为安。

5. 注重培训与知识管理

包括西欧在内的西方企业(公司)十分重视人才的储备,西方企业文化的一个重要的传播手段,就是通过丰富而全面的企业培训体系,培养本企业发展所需要的人才。培训因而

---

[1]　任志宏等:《企业文化》,经济科学出版社 2006 年版,第 39—41 页。

成为西欧企业文化的载体,企业则不断加大对培训的投入,以期在竞争中获得更大的优势,而最有代表性的则是建立专门的培训学院来实现这一目的。这些培训的主要内涵包括三个方面:一是注重综合素质的培训,企业不再像过去那样只重视专业应用技能的训练,而更加突出自我管理、团队合作等综合能力和素质的培训,在这其中企业文化的熏陶更是贯彻始终的;二是强调以知识创新为核心的知识管理,随着知识经济时代的到来,知识在企业管理中的地位和作用也发生了深刻的变革,创新与创业成为这场变革的核心,知识管理成为决定个人、企业乃至国家竞争能力的关键因素;三是注重企业成员自我学习能力的培养和终身学习习惯的养成。[①] 西欧企业培训改变了传统上只重视员工某种应用技能和知识获得的做法,并在此基础上强调团队学习能力的形成,建立起以培养员工终身学习意识、提高员工终身学习能力为主旨的所谓"学习型组织"。

6. 注重参与管理

西欧的企业文化呈现出一种多元化的状态,但西欧各国政治发展进程和经济体制相似、文化近似,欧盟的发展使得文

---

① 赵曙明:《东西方文化与企业管理》,中国人事出版社 1995 年版,第 89—101 页。

化、经济交流日益频繁,从而企业文化也有许多共同性。"合拢式"是西欧盛行的管理模式,即管理必须强调个人和整体的配合,创造整体与个体的高度和谐。在西欧国家,特别是德国的很多企业推出了"股权人格化"的激励机制,"就是企业员工对企业经营有方使企业获得了良好的经济效益,可以从企业盈利中获得一定数额的股份,作为其优秀才能的回报",从而使企业的每个员工对企业有"我就是企业"的使命感。"股权人格化"的具体操作方式根据员工对企业的贡献大小分为两种:其一是企业积极向员工出售本企业股票,股票的出售价格低于证券交易所的公开价格;其二是企业免费送股给对企业作出重大贡献的员工。当然这种激励方式要严格控制低价出售或送股的比例,以便公司控股。员工得到这样的股票,成为企业的股东,更加关心企业的生产经营,参与企业管理的意识进一步加强,企业的向心力、凝聚力得到明显加强,劳动效率也明显提高,从而使传统意义上的劳资矛盾也有所淡化。

事实上,重视参与管理与西欧文化中人文精神、追求民主、自由的精神是密切相关的。在西欧许多国家中,政府用法律形式规定了员工在企业中应该发挥的作用。如德国法律规定,凡2000人以上的企业,必须成立监督委员会(相当于美国企业的董事会),凡五人以上的企业必须成立工人委员会,前者要由工人选举产生,后者要有一半工人代表参加。荷兰规定雇佣工人超过 100 人以上的企业强制要有工人会议。法国和瑞典都规定雇佣工人超过 50 人必须有工人会议,以此保证工人参与管理。尽管这些规定是工人经过长期斗争的结果,不是恩赐,实际上它也改变不了工人的地位,但长期推行,在企业中已经成为一种"文化"。有些企业不仅设有由管理人员和雇员代表组成的各级工作委员会,雇员参与管理企业,解决工作上的问题,同时,企业尊重为本公司工作的人,雇员对企业也有一定的归属意识。有些企业通过建立"经理参与系统"、"半自治团体"、"工作改善委员会"等,经理站在客观的立场上协助员工解决问题,而不是直接代替他们做具体决策,以此强化员工的责任意识。① 有些企业及时实施了轮换工作制和弹性工作制,提出应该使工作适应人,而不是使人去适应工作。在这种环境下,工人参与管理、提工作建议的愿望比较强烈,很多工人从中获得了心理上的满足感,因而劳动积极性也比较高。在德国,很多企业还通过出售给工人股票的办法使工人对企业产生向心力。德国企业向工人发售股票(一般比证券交易所便宜)已有多年的历史,目前工人持有股票在企业股份中已有相当比重。据一项抽样统计显示,在七家大型公司中,按照股东总数计算,工人已占 43.9%,工人通过购买股

---

① [美]兹比格涅夫·布热斯津基著,潘嘉玢、刘瑞祥译:《大失控与大混乱》,中国社会科学出版社 1994 年版,第 132—134 页。

票,更加关心企业的生产经营,参与管理的意识得到加强,企业的向心力、凝聚力自然增强,劳动效率也明显提高。①

7. 注重理性管理、硬性管理

理性的管理文化表现在组织机构和制度的建立、人员的配备以及经营管理等很多方面。在西欧,企业注重建立讲求实效、灵活多样的组织机构和制度。企业组织机构的设置是随着市场情况和生产技术的变化而变化的,不千篇一律,不相互模仿,不因人设事。即使是同类型的企业,机构设置也不一样,但有其共同特点,即组织严密、管理集中、讲求实效、富于理性。在人员配备上,西欧企业要求严格,注重精干。企业的总经理、副总经理和各部门的负责人,一般都是从有一定学历和实际经验的人员中,经过考核、择优配备的。各部门职责分工明确,一级对一级负责,讲究工作效率。对一些重要部门的管理者要求更高,如研究与发展部、销售部等,均由能力很强的人掌管,甚至由总经理、副总经理直接兼任。作为一个总经理或副总经理,不仅要在生产技术上有专长,在管理上也必须是行家。在经营及对外交往关系的处理上,欧洲企业也显得理性十足。经营中严守法律,坚守信用;对外谈判往往一丝不

① 金秀芳:《中德企业文化之比较》,《同济大学学报(社会科学版)》2002年第1期,第42—43页。

苟,严肃认真,讲理性,讲效率。

在西欧理性主义文化的影响下,西欧企业大多奉行追求利润最大化的经营管理目标。西欧企业大多数是私营企业,是独立的经济组织,一切活动的终极价值追求就是利润最大化。在管理制度方面,西欧企业普遍重视"硬性管理",即注重企业经营管理中的"硬"方面,包括战略、结构和制度等。战略方面主要表现为企业未来的发展战略和规划等,结构方面则主要体现为重视人员的配备和管理制度的科学性,制度方面则主要体现为依靠严密的组织结构和严格的奖惩条例对员工进行规范,把从制度上加强对员工的控制作为实现组织目标的重要手段。例如,在德国,职务规范严格,岗位职责明确,上下级界限分明,在每个员工心中形成了"心灵契约",成了根深蒂固的自觉职业行为。举世闻名的德国质量就是依靠这种严格科学的管理制度、严密的质量体系和全体员工的责任心而创造出来的。[1]

五、中国和西欧企业文化的差异

企业文化的产生和发展,与企业所处的国家和地区的地

---

[1]　金秀芳:《中德企业文化之比较》,《同济大学学报(社会科学版)》2002年第1期,第43页。

理环境、历史文化传统等密切相关,是传统文化与现代企业相结合的产物。中国和西欧有着迥然相异的地理环境和历史文化传统,其企业文化自然也存在着显著差异。概括而言,中国和西欧企业文化的差异主要表现在以下几个方面:

1. 基本价值观不同

具体而言,深受儒家传统文化影响的中国企业文化是建立在以"情感"为纽带的"家本位"文化,提倡集体主义和团队协作,鼓励群体发展与团结进取,以"和气生财"为至高信条,以"情感、道义、责任、纪律"为社会约束,形成了伦理、等级分明的工作关系。中国企业文化谨小慎微,见好就收,不主张冒尖,企业员工的竞争意识与冒险精神相对欠缺,企业的经营也往往墨守成规,小富即安。西欧企业文化鼓励员工追求卓越的业绩,鼓励员工创新和冒险,提倡个人奋斗,提倡竞争创新和追求卓越,追求自身价值与幸福。在这种独立人格基础上形成的企业文化,人与人之间不是伦理、等级关系,而是平等关系基础上的契约关系。同时,西欧企业文化也注重企业的发展壮大,企业有长远目标和远大的理想。事实上,中国和西欧价值体系的核心构造不同,表现为人格取向中的文化差异。中国企业文化是深受中国传统文化影响并以儒家思想为基础发展起来的,是一种以农民社会为基础发展起来的农业文化,又是以宗法血缘关系为根基的宗法制度文化;而受西方文化影响的西欧企业文化则是在古代希腊文化和犹太基督教文化基础上发展而来的,是平民为主体的商业社会文化和市民社会文化。因此,中国企业文化的发展取向是重群体、重道德、重实用;而西欧企业文化的发展取向则是重个体、重科学、重思辨。

2. 思维方式不同

中国和西欧企业文化的差异首先表现为思维方式的差异。具体而言,中国企业文化重先验理性,重直觉,重感悟,重整体性,容许模糊性,注重和谐,认为和气生财;而西欧企业文化则重事实,重逻辑思维,重发现,追求精确,注重竞争,认为竞争发财(表2—1)。①

事实上,西欧企业文化中蕴涵着较多的理性思想,强调直接、确切、实用、科学、效率,重视标准、制度的作用,表现出一种非常理性的思维方式,放大了人与物的关系,淡化了人与人的关系,增强了组织的创造性和管理效率,缺乏有效的人际沟通,组织像一架硬邦邦的机器,人情味的成分相对较轻。中国企业文化重人际关系、重人情和"面子",到处充满灵性化和人情化,具有明显的非理性特征;放大了人与人之间的关系,淡

① 陈觅:《中西企业文化的比较及其融合》,《青岛科技大学学报(社会科学版)》2007年第6期,第88—89页。

化了人与物之间的关系,追求办企业就像经营一个家族一样,有浓厚的伦理关系色彩。其局限性体现在:由于照顾到人的感情,着眼于人际的微妙关系,于是会造成面子效应,人为地把事情复杂化,不但降低了办事效率,还使人际关系变得复杂、虚伪和表面化,还容易产生小团体主义,也影响个性发挥和创造精神的形成。[1]

表 2—1　中国和西欧企业文化中思维方式的差异[2]

	中 国	西 欧
逻辑特征	总体的 综合的 非线性的 一元性	局部的 分解的 线性的 多元性
等级或团队 整体或个人	注重等级 注重整体 强调员工服从	注重团队、平等 注重个人 尊重员工的自主性和独立精神
对待意见的态度	注重意见的一致	提倡个人意见和多元观点

3. 决策方式不同

在企业决策方式上,中国企业文化倾向于决策的集中化,不善于授权,注重"掌管",偏爱权力的集中,在决策上奉行集

---

[1]　郭安海:《东西方企业文化比较的启示(下)》,《政工研究动态》2005 年第 12 期,第 21 页。

[2]　部分参考李琪:《欧洲管理学者看中西企业文化差异》,《改革》1999 年第 2 期,第 87 页。

体主义,形成了民主集中的群体决策风格。中国公司也遵循民主集中制的决策方式,其特点是能够集思广益,从而保证和维护企业的整体利益,但缺点是权责不够明确,决策效率低,且难以对快速变化的市场做出足够迅速的反应。西欧公司则倾向于决策的分散化。西欧企业文化认为管理即授权,在决策上奉行个人主义。具体来说,西欧公司决策大多在专家集团的支持下由个人作出决定并完全由个人对决策负责,而且遵循自上而下的"决策—执行"单向型决策管理模式,其特点是明确的分权、授权以及权责相称,具有较强的科学性,决策效率较高,能够迅速应对快速变化的市场;但其缺点是不能集思广益,有时甚至会引起个人独断专行而导致比较重大的决策失误。

例如,德国的《职工参与管理法》明确规定,大型企业要按对等原则由劳资双方共同组成监事会,并由中立人士担任主席;《企业法》规定,凡职工在五人以上的企业都要成立职工委员会,负责在工资、福利、安全、劳动时间、条件、合理化建议等方面维护职工利益。[1] 可见,德国企业十分强调职工参与企业管理。他们认为这种决策方式能更多考虑企业的长期发展,避免短期行为;同时,能融洽劳资关系、增强企业内部控制

---

① 金秀芳:《中德企业文化之比较》,《同济大学学报(社会科学版)》2002年第1期,第42—43页。

力、提高劳动生产率。在决策中,他们提倡授权和各相关单位的高度参与,提倡由下而上做出集体决策。这种决策过程中的深入宽广的探讨,使决策结果容易获得较高的共识,也更有利于决策的执行。

在中国则不然,独断专行、缺乏民主,向来是中国企业管理的致命弱点,也造成了员工的依赖性和被动性。所谓事不关己,高高挂起。中方员工普遍认为,我只要做好我的本职工作就行了,管理是公司和领导的事情,与我无关。而且即使我积极参与了,表达了自己的愿望,也不可能被管理者采纳,不可能使现行的制度发生改变。这种看法使德资企业的参与制度失去了原有的意义,而真正成为了一种形式。此外,中方管理者对德资企业的这种决策方式也存在着不满。由于太重视形式主义和固守规则,使得决策过程繁琐漫长,常常令企业失去机会;而且由于所有决策都必须有所凭据,需要花费大量的费用和心血,寻找各种事实来支持决策,也会对决策产生反效果。好在目前很多德国企业都已经认识到了这一点,并在实践中不断地寻求改善。西门子公司总裁就曾在一次欧洲高阶经理论坛中承认:“西门子公司过去并不一定了解行动要快的道理……因此现在必须坚持,努力达到快且精简的境界。”①

---

① 理查德·D. 刘易斯著、关世杰等译:《文化的冲突与共融》,新华出版社2000年版,第122页。

4. 管理文化和理念不同

中国和西欧企业文化的决策方式、思维模式等各方面的不同,在实际企业管理中就表现为经营管理中的文化差异。随着管理科学的发展,企业中人的地位和作用经历了三次飞跃:从追求物质经济利益的经济人到处于社会关系中的社会人,再到受价值观念所支配的文化人。所有优秀的企业无不重视企业文化以及作为企业文化主体的人在企业创新中的作用。东方文化如行云流水,是世界上最容易存活的文化,其中一个重要的原因是它的适应性强、灵活性强。但是,过于灵活的必然结果是不重视正式制度的建立和实施,对环境变化采取实用主义的态度,因时制宜。因此,在企业管理中,制度往往不受企业管理者重视,企业管理者对制定制度毫无兴趣,即使执行正式的制度时,也常常因所谓特殊情况或特殊需要而被"灵活"放弃。正式制度的作用被弱化,只能依赖于"人治"。这样,管理者个人在道德、知识、能力等各方面的水平就决定了企业的成败。一般而言,西方企业管理以"法"为重心,强调对事不对人,总是希望用正式的规则、制度来解决问题,以法律、合同与诉讼等手段来推行管理;而中国的企业管理则以"情"为特质,总是希望任何事情首先要"合情",其次才是"合理"与"合法"。这样一来,中国的企业管理就建立在以家族为本位的社会伦理秩序基础上,深受传统文化的中庸观念和君臣父子观念影响,注重和谐的人际关系。

从经营理念与管理思想方面来看,中国企业人员在长期计划经济条件下,缺少适应市场要求的经营思想,如强调企业的生产,忽视营销与售后服务;关注企业的现在,不太注重企业的未来,忽视企业风险防范;忽视效率,回避竞争;追求企业的短期利润的最大化。西欧企业管理人员大都具有互利、应变的市场经营思想,他们崇尚竞争,讲求效率,注重成本研究;企业生产完全"以销定产",强调售后服务;注重企业的风险分析与防范,讲求事前预测,强调管理者的权威,并致力于个人承担责任;注重技术创新,追求企业的长期利润最大化等。

此外,中国和西欧企业在管理的侧重点上也存在显著差异。中国企业强调在管理中以人为本,以人为核心。管理者把人作为"社会人"来看待,认为人并非单纯地满足金钱的收入与生理的欲望,他们更有社会的、心理的各方面的要求。因此,企业关心、尊重他们,尽可能地满足他们各方面的需求。同时,注重培养员工的集体意识、依附感和归属感,要求员工把企业看做是一个和睦的大家庭。在这个家庭中员工是企业的主人,为了这个大家庭的兴旺发达,大家同甘共苦、风雨同舟,形成祸福同享、荣辱与共的生活共同体和命运共同体。西欧企业管理者重视成本、利润等财务指标,精通的是策略、规划、模式和计量理论。他们把人当作经营管理的客体,认为金钱是刺激人们劳动的主要动力,只要肯出大价钱,优秀的管理、技术以及对企业的忠诚都可以买来,忽视人的心理的社会需要,缺乏对员工感情和需要的了解。下面的案例就能很好地反映出中国和西欧管理文化的差异。

【案例 2—3】　合资企业中的管理文化差异

在一家中德合资企业中,一名中国厨师为了报答公司给予他的优厚待遇,在端午节前夜加班包粽子给公司员工,但却被外方总经理炒了鱿鱼,因为他违反了公司的规定:"……凡本公司员工,下班后一律不准在厂内逗留。"他身边所有的中国员工都认为他没错,为他鸣不平。先是记者采访,接着是劳动部门调解,最后将外方总经理送上了被告席。但外方总经理在法庭上的陈词却令人吃惊:"我承认他是一位令人尊敬的好员工,但我不能撤销对他的处理。我必须高度维护合资企业双方的利益,从严治厂。在严格的规章制度面前,绝不姑息迁就个人感情和偏好。所以,我没有错。"

5. 企业精神不同

所谓企业精神,是一个企业全体或大部分员工共同一致的、彼此共鸣的内心态度、意识状态、思想境界和理想追求。① "愚公移山"、"人心齐,泰山移"等成语和俗语都形象地说明了

---

① 　陈亭楠:《现代企业文化》,企业管理出版社 2003 年版,第 136 页。

凝聚和内化在企业中的企业精神对于企业发展的重大作用。企业精神是现代意识与企业个性相结合的一种群体意识,是企业在长期生产经营活动实践中逐步形成,并为全体员工所认同的理想、价值观和基本信念,是对企业哲学、价值观念、行为准则和道德规范的总结和提炼。

西欧企业精神集中体现在几个方面:第一,尊重个人价值,强调个人的作用。"个人精神"首先强调尊重个人,把员工当成同伴看待,他们是生产效率提高的源泉,承认他们有放开手脚去工作和作出贡献的自主权,对个人有坚定不移的尊重,有培养他们的良好愿望,同时也对他们提出合理而明确的期望。第二,重视实践,贵在行动。这一精神鼓励企业进行管理体制改革实践,简化企业系统及企业组织形式。在实践上,西欧企业领导者坚持以行动为导向,崇尚走动管理。同时,企业也鼓励员工采取行动。重视行动、重视实践的企业精神,不创设也不允许一个永远不变的组织结构的存在,不允许也从不沉溺于长篇大论的公文报告,不允许出现永无休止的争论和争辩,一切都尽可能付诸于实践和行动。第三,顾客至上。西欧企业普遍崇尚顾客至上的观念,他们认为顾客就是最高目标,利润会自然到来。在西欧企业人眼中,顾客对于企业经营的每一个层次、每一个环节都举足轻重,他们重视顾客的程度甚至远远超过了以开发新技术来降低成本的程度。同时,他们持重坚持产品质量第一的原则,让企业充当顾客忠实听众。

第四,崇尚创新和竞争。西欧企业鼓励竞争和创新,鼓励内部竞争,重视沟通,对员工和企业的挫折与失败表现出容忍态度。同时,企业权力下放,给员工充分授权,让员工充分发挥自主性和创业精神。

中国企业精神则主要体现为奋发进取、顽强拼搏、追求卓越、勤俭节约、重视亲情等多个方面。具体而言,首先,中国企业充满奋发进取、顽强拼搏精神。这与中国文化不无关系,中国传统文化鼓励个人艰苦奋斗、顽强拼搏、奋发图强,最终取得个人成就,所以中国企业普遍重视这种艰苦奋斗和努力拼搏的精神。其次,中国企业追求卓越,厉行节约。在中国企业中,勤俭、节约的品质和精神向来受到推崇。最后,中国企业重亲情、讲人情。企业如家庭,企业家善于用各种方式、场合和机会表现对员工及其家庭的关心,培养企业的家庭式情感,让员工对企业有对家庭般的热爱。中国企业中普遍流行的"爱厂如家"的口号就是这一精神的集中体现。

6. 治理结构不同

中国和西欧企业的制度安排不同。西欧国家的企业有两种治理模式:一种是以英国为代表的一元制,即"股东主权加竞争性资本市场"的治理模式;另一种是以德国为代表的二元制,即"银行导向型"治理模式。中国企业实行德国模式的二元制管理结构,但股权高度集中,不利于形成有效的公司治理结构。从层级制度上看,表现为组织设计中的文化差异。企业组织设计中的文化因素影响,主要体现在两个方面:一是明确个人在组织中的地位和作用,保持一定的权力距离;二是建立适当的管理控制系统,正确地评估个人的努力程度。在权力距离较大的组织中,个人在组织中的地位和作用并不那么重要,集体主义倾向占主导地位。在这种文化氛围中,组织的评估体系和方法是由管理人员负责组织,建立以团体为单位的培训和奖励机制,每个成员都将自己看做是协作体内的组成分子,与其他成员保持密切的合作关系。相反,在权力距离较小的组织中,个人主义的倾向要求业绩评估必须以个人的行为、效率和成就为基础,充分肯定个人对组织的贡献。从科层制度上看,西欧公司强调分工明确,职责分明以及管理制度化与规范化,注重指令的服从和执行。在治理模式上,西欧公司以"专断型"为主,而中国公司则以"混合型"为主。

7. 沟通习惯和方式不同

沟通是人际或群体之间交流信息的过程。不同文化模式有不同的沟通方式,如果沟通双方来自不同的文化背景便会存在沟通障碍。中国和西欧企业中员工的沟通习惯及方式存在着显著差异,一般而言,中国企业员工注重关于"人"的沟通,而西欧企业员工更注重"事"的沟通;前者更重等级,而后者更重平等。中国人沟通,讲究"只可意会,不可言传"。因此,中国人的表达方式比较间接委婉,尤其是在表达不同意见时。而西欧人士喜欢单刀直入,直截了当地说明真相;前者在沟通时显得更被动、内向,而后者显得更主动、外向;前者在沟通时更喜欢请教式的姿态,而后者往往更容易采取教导式的姿态;前者更注重沟通本身及其过程,而后者更注重沟通的结果和质量;前者更注重沟通时气氛的和谐友好,而后者则往往更关注沟通的事项及其正确与否。在西欧企业员工看来,中国企业员工在人际沟通方面尤其不习惯反问或追问,因为中国人首先担心由此让发言者误以为好像没有把事情说清楚,其次怕由于自己非常个人的提问而耽误或许已经听得一清二楚的其他在座者的时间。西欧人认为,中国人更不习惯所谓的"圆桌会议"。在他们看来,让一个中国企业员工对别人刚刚发表的见解公开提出批评意见,几乎是不可能的(表 2—2)。①

表 2—2　中国和西欧企业文化中沟通习惯的差异

	中 国	西 欧
人或事	注重人	注重事
等级或团队	注重等级	注重团队、平等
主动或被动	被动、内向	主动、外向
沟通态度	请教学习式	指导式
对待意见的态度	注重沟通过程	注重沟通结果

---

① 李琪:《欧洲管理学者看中西企业文化差异》,《改革》1999 年第 2 期,第 88 页。

事实上,正是因为沟通习惯的差异,在中欧合资企业里,西欧在华企业管理人员容易在沟通问题上栽跟头。例如,某英国老牌跨国公司经过一年多的谈判,终于与中国一大型国企达成一致,在当地合资兴建一个投资额达数亿美元的项目。双方组成联合工作小组,紧锣密鼓地开展筹备工作,包括为合资公司招聘员工。项目谈判期间,中方一再强调,该项目是中方重中之重的合资企业项目,保证推荐最好的员工到合资企业工作。为了确保员工的素质,外方总部高级人事经理亲自前来面试和考核中方推荐的人员。该人事经理发现,中方推荐的100多名人员中1/3具备很好的工作经验、1/3为刚从学校毕业参加工作的年轻人,还有1/3为已经工作几年但经验不足的年轻人。该人事经理很不高兴,认为中方食言,没有推选最好的员工到合资企业工作。她觉得中方的行为白白地浪费了她好几天的时间。所以,她起草了一封措辞强烈的信函,准备发给中方总经理,并要求见面交涉。当该公司中国区总经理得知这一消息后,他首先把起草好的信函压了下来,然后出面和中方总经理讨论这个问题。该人事经理陪同中国区总经理会见了中方总经理。在会见中,中国区总经理策略地说道:“首先谢谢中方推选员工到合资企业工作。总体上看,中方推举的人选都不错,但结构可能有些问题,比如有工作经验的人员比例偏少了一点,年轻员工多了一点。希望能调整一下。”中方总经理心领神会,马上点头示意,并间接地表示会采取措施调整结构。会后,该人事经理非常不悦,指责中国区总经理做得不对,说道:"你怎么能在会见中说他们推选的人员总体上不错,他们明明是没有信守诺言。"这位人事经理在会见中显然没有领会到中方总经理委婉表达的积极态度,她还以为问题没有取得任何进展。假如按照这位人事经理的方式来处理这个跨文化沟通问题,势必造成中外双方关系紧张,导致问题无法圆满解决。后来的事实证明这位外方人事经理的举措是不可取的。这充分说明,在中国和西欧企业中,双方在沟通习惯及方式上都存在显著差异。

8. 法制观念不同①

通常认为,中国人对"法"的理解不同于西欧人,所以,中国和西欧企业文化中对"法"的观念也截然不同。在西欧企业的制度习惯里,"法"严格独立于个人。在中国,"人情"似乎在企业中起着某些神奇的作用,有时"人情"在中国企业里甚至具有几近无坚不摧的力量。中国和西欧人在法制观念方面的这种差异,亦反映在企业员工对待协议的相当不同的态度上。一般而言,中国企业认为协议是协商的基础,而西欧企业往往将协议作为双方协商的结果;中国企业认为协议的前提和基础是信任,而西欧企业往往会在协议的具体执行过程中培养

---

① 关于中西企业文化中法制观念差异的探讨参见李琪:《欧洲管理学者看中西企业文化差异》,《改革》1999 年第 2 期,第 88 页。

信任,等等。同时,与前述沟通习惯上的差异相关联,中国企业通常认为,无论道理是否在自己一方,都不习惯与人发生公开的冲突。即使今日,双方企业诉诸法律,在中国依然往往意味着双方业务关系的终结。同时,中国企业在处理内部管理问题时,往往把个人感情、关系置于规章制度和规范之上,灵活有余,管理硬度不够,因而影响效率;而西欧企业则更注重规章制度,强调按章办事,严格执行相关规定和标准程序,有较强的管理硬度,效率较高,但往往忽略了人与人之间的感情,显得不近人情,缺乏灵活度,对于处理特殊情况常常无能为力。

9. 激励方式不同

中国和西欧企业文化的一个重要差别体现在对员工激励方式的区别上。一般而言,中国企业更强调对员工的感情联络和培养,而西欧企业则更注重对员工的利益驱动。事实上,在西欧被视为无用或者不当的员工激励方式,很可能在中国能够带来相当积极的效果,而一些在西欧极富成效的激励制度,有可能在中国一无所获。例如,在中国的外资企业中鼓励员工个人间竞争的做法,便没有像设计者当初预料的那样有效。奖金往往在整个小组中被均分。等级分明的奖金制度经常不仅未能在员工中起到激励作用,而且反倒增加了员工之间的相互不信任。在中国企业中好的领导者始终关注着工作的状态和进程并尽可能多地同员工在一起，这样往往能对员工起到激励和表率作用，而西欧企业中好的领导者应能够充分委派任务和责任，而不是总想控制一切，因为对他们而言，在西欧企业中对员工的充分信任和授权才是对他们的最大激励。

总之，西欧企业文化是在西方文化背景下产生的、注重逻辑思维和个人主义的一种企业文化，是一种效率优先、倾向于"硬管理"的企业文化；而中国企业文化则是在中国文化背景下产生的、注重整体性和模糊性的一种企业文化，是一种富于传统的、人文主义色彩浓厚的企业文化。

第三章 中国和西欧企业文化差异的根源^①

企业文化于企业的重要性早已不言而喻,已经有越来越多的企业和企业家将企业文化视为企业竞争力的重要内容甚至是企业竞争力的主要源泉。随着中国的崛起和作为一个整体的欧洲的发展壮大,中国和西欧之间的商贸关系已经达到前所未有的密切程度。人们在惊叹中国成功融入世界经济体系的同时,却无法回避一个愈来愈突显的问题:中欧企业在交往中经常存在障碍,而这种障碍正是源于中欧企业文化的巨大差异。因此,我们需要探求中国和西欧企业文化差异的背后所隐藏的根本的深层次因素——中国和西欧企业文化差异的根源,以便为中欧企业和企业家提供某种有益的借鉴。

---

① 本章的部分内容作为笔者的阶段性研究成果已经发表,见周松波:《中欧企业文化根源比较研究——论地域和历史文化对中欧企业文化差异的影响》,《理论探讨》2008 年第 4 期,第 169—172 页。

一、地域——中国与西欧企业文化差异的重要根源

环境塑造人,地域就是环境的一个重要组成部分,地域的差异直接导致生活在其中的人们的性格、习惯、思维方式、行为方式等方面的巨大差异,也就是文化上的巨大差别。从人类文明发展的进程来看,人类的生存和生产活动都是与地理环境紧密联系在一起的。地理环境决定了资源状况,从而决定了人类的生产活动,然后进一步影响了人类文明。企业文化作为一种重要的亚文化,其受地域的影响十分深刻而持久。中国和欧洲有着差异明显的、有时甚至是截然不同的企业文化,这是毋庸置疑的事实,更是中欧企业界的共识。造成这两种企业文化之间巨大差异的重要根源之一是中国与西欧地域的差异。

1. 地域导致了中欧企业家精神的差异

(1)企业家精神

所谓企业家精神,就是一种基于现代社会生产方式之上的价值取向、精神气质和心理诉求。它首先体现在企业家这一独特的群体中,由于这一群体在现代社会中有着重要的地位,所以,企业家精神也是这个社会的共同财富。

企业家精神具有至关重要的意义和价值。现代经济发展理论认为,企业家是成就企业发展,从而带动社会经济进步的重要力量。缺少企业家,是因为缺少企业家精神;不仅是因为具备企业家精神的企业家有限,而且是因为整个社会缺少这种精神。企业家的成长取决于许多因素,而一种社会的文化心理倾向则是必备的条件。企业家精神作为现代性的基本价值,应该成为整个社会的诉求和心理品格。罗斯托在他的经济增长阶段理论中提出,在经济起飞的准备阶段和起飞阶段,都需要有一批企业家,他们甘愿冒险,支持创新,将发明用于现代工业。"起飞需要在社会上有一群准备接受创新的人的存在和成功的活动,这是显然的。"而推动这群人冒险的动机不完全是纯经济的,他们也有自己的价值体系。其中,企业家精神就是一个突出的特征,整个社会也需要这种精神,所以,"发展适当的企业家精神是一个比较迫切的社会过程"。①

(2)中国和西欧地域差异与企业家精神

欧洲特别是爱琴海区域大多是是海洋国家。欧洲人一出生就面临着茫茫海洋这一难以逾越的天然障碍,他们不知道海洋究竟有多大,海洋的另一边是什么,但他们想知道,他们强烈地渴望到达大洋的另一端以寻求新的更广阔的生存空

---

① 　[美]罗斯托著、张保煦译:《经济增长的阶段》,中国社会科学出版社2001年版,第51页。

间,于是就开始想方设法征服这一障碍,他们不断开拓,不断冒险,不断创新以找到战胜海洋的新途径、新技术和新方法,在与海洋的斗争中顽强地求得生存和发展。欧洲人痴迷于航海并最终发现了美洲新大陆就是一个最好的例证,也是欧洲人在战胜海洋过程中所表现出来的勇敢、创新、冒险精神的一个缩影。这就是为什么欧洲企业文化鼓励创新和冒险精神,要求企业家具备果断勇敢、勇于开拓、积极进取、不断创新的企业家精神的重要根源。

黄河中下游作为华夏文化的核心地带,北边是蒙古戈壁,西北是沙漠,西南是青藏高原,东面则是太平洋。地理环境客观上隔绝了与其他文化体系(尤其是西方海洋文化)的直接交流,造成了一种封闭的、求稳定的内陆性文化。[①] 概言之,中国是一个大陆国家,西、北、南三面都是陆地,受高山戈壁阻隔,只有东面有海洋,国土面积广阔,加之气候温和,自然环境优越,适宜人的生存,陆地上也没有类似茫茫海洋那样近乎不可逾越的天然障碍,国人就逐渐变得安逸、保守、自大、墨守成规、安土重迁,正如冯友兰先生在《中国哲学简史》中所言:"在中国古代人心目中,世界就是他们生活的这一片土地。"[②]这就是为什么中国的企业文化普遍缺乏冒险精神和进取精神,

---

① 颜吾芟:《中国文化概论》,北方交通大学出版社2002年版,第113—116页。

② 冯友兰:《中国哲学简史》,新世界出版社2004年版,第15页。

中国的企业家也普遍缺乏欧洲企业家那样的勇于开拓、积极进取、敢于冒险、富于创新的企业家精神。

2. 地域从根本上影响中国与西欧企业文化的思维方式和企业对员工的态度

　　海洋文明与以农耕和内河交通为特点的内陆文明不同，它虽也离不开陆上基地，但以海洋为通道，在岛屿和沿海地区之间展开活动。海洋文化本质上是一种商业文化，具有扩张性、开放性、创新性等特征，[①]追求多样化，并有很强的活性。这种活性、开放性和创新性体现于该文化体系易接受交流，在交流中能更多地吸纳其他文化的先进特性，并在融合之中不断调整、更新，有创造性地输出。具体而言，西欧国家被海洋所包围，亦被海洋所分隔，岛屿遍地，星罗棋布。整个欧洲"地理状态多元、分歧，各自独立，对应运动"。[②]每一个岛屿相互之间都是孤绝无依的，"对于岛屿居民来说，世界却是分裂的，呈现着'多'的格局，不连续，从一个岛屿到另一个岛屿，就像棋盘上的棋子一样跳跃着。"[③]这使得西欧人这样看世界：不

---

　　① 曲金良：《海洋文化概论》，青岛海洋大学出版社 1999 年版，第 8—16、21—23 页。

　　② 陈启云：《地理与人文动态互应考析之一：中西地理环境的比较》，《兰州大学学报（社会科学版）》2007 年第 2 期，第 1 页。

　　③ 马陆平、吴海龙：《中西文化差异之根源——兼论两种时空观对文化的影响》，《和田师范专科学校学报（汉文综合版）》，2006 年第 4 期，第 98 页。

要忽视每一个单独的存在,每一个个体都是独立的,都是不可再分的。正如《世界史纲》的作者韦尔斯所说:"从事航海的人,一定很快就体会到了船只给予他们特有的自由和机会……每一个船长就是一个国王。"航海民族的个体独立意识就是在这样的空间条件下培养的。海洋环境给这样的民族灌注了一种具有空间特征的独立性格。① 表现在企业文化中就是:首先,西欧企业文化尊重企业员工的个性、个体独立性和自主精神,员工不依附于企业,也不依附于企业中的某个人或某些人,更不依附于企业家,他们的人格独立得到最大程度的尊重和保障;其次,西欧企业文化注重的是局部的、分解的、注重个人的思维方式,整体性、综合性思维在西欧企业文化中没有市场。

中国自古就形成了大一统的国家,地域辽阔,山脉河流构成了一个完整系统,其势宜合不宜分,地理状态呈一元化、整体化。与历史上欧洲国家众多、长时期分离割据②的情形相反,面积相仿的中国在历史上大部分时间里是统一的中央集权国家,这使得中国人看世界的方式是:要注重整体,个体是为整体服务的,个体本身并不重要也不被重视;要注重事物之间的内部联系,任何事物都不能是孤立的存在,都与其他事物

---

① 赵军:《文化与时空》,中国人民大学出版社1989年版,第192页。
② 欧洲在公元990年的时候有几千个类似国家的政治实体,1500年有500个,1780年有100个,2000年时欧洲仍有27个国家。

之间存在联系并统一到一个更大、更高级的整体之中。统一的大陆环境赋予了中国人非独立的、依附性的性格,也赋予了他们整体的、综合的思维方式。表现在企业文化中就是:首先,中国企业文化强调企业整体的利益高于一切,每一个员工都是企业的一分子,要积极为企业服务并在集体中找到自己的位置;员工要善于服从集体的决定,以企业大局为重,不能过分强调个人需要,不提倡个人的独立性和自主精神;员工的一切都几乎与企业相关,依附于企业甚至依附于作为企业管理者的企业家。其次,中国企业文化的思维方式是整体性的、综合性的,"合"而不是"分",允许模糊性,强调一元化(表3—1)。

表3—1　中国和西欧企业文化中思维方式的差异①

	中　国	西　欧
逻辑特征	总体的	局部的
	综合的	分解的
	非线性的	线性的
	一元性	多元性
等级或团队	注重等级	注重团队、平等
整体或个人	注重整体	注重个人
	强调员工服从	尊重员工自主性和独立精神
对待意见的态度	注重意见的一致	提倡个人意见和多元观点

①　部分参考李琪:《欧洲管理学者看中西企业文化差异》,《改革》1999年第2期,第87页。

二、历史文化——中国与西欧企业
文化差异的直接塑造者

　　文化是人类为了适应自然与人文环境所创造出来的生活方式的总和,其功能在于确保人类的生存与发展。[①] 荷兰学者 Hofstede 认为文化是某一组织成员或者某一种区划下的人群在精神气质方面的集体性模造,这种模造使之与其他组织或人群区别开来。[②] 人们所处的国家和地区的历史文化影响了其行为方式,亦深刻地影响了其企业文化,因为企业文化作为一种组织文化,是在特定历史文化的大背景下生长和培育出来的,它根植于特定的历史文化传统的土壤之中。

　　在中国漫长的文化传统中,"天人合一"一直是一个非常重要的命题。"天人合一"的观念源于原始氏族时代,成熟于先秦。它强调人与自然、个体与群体的和睦、协调的关系。此后,汉代讲究"天人感应",建立起了"阴阳五行"的宇宙论图式,并以此来规范人们的政治、经济活动。如果说汉代的"天人合一"观念主要建立了制约人们外在行为的规范的话,那

---

　　① 王曾才:《西方文化要义》,江苏教育出版社 2006 年版,第 12 页。

　　② G. Hofstede, *Culture' Consequence*: *International Differences in Work-Related Values*, Beverly Hills, CA. 引自 Chung, T joel Zae /Sievert, (1995): *Joint Ventures in Chinesischen Kultur Kreis*, Gabler-Verlag, p. 35.

么,宋代的"天人合一"则已经浸透到了人们的内心世界,用来规范人们的伦理道德、情感、心性。周敦颐在《太极图说》中把宇宙生成、万物化生的理论和人类、社会的产生及道德伦理规范统统融合在一起,认为从天地万物的"立太极"到善恶五性的"立人极",才是真正的"天人合一"。自此之后,自然、社会、人生一体化的整体观念成为中国文化中占主导地位的思维模式。从这种思维模式出发,无论在认识客观世界上还是在社会组织管理及人际关系上,中国文化体现出来的都是天人合一、整体和谐与中庸平和的特征。

与中国不同,西欧文化倾向于天人相分、主客相分。长期以来,西欧哲学史上占主导地位的是二元论,亦即认为世界是由物质和精神两个各自独立、性质不同的本原构成的。早在古希腊时代,先哲们就将人与自然分割开来。古希腊早期的哲学家关注的对象主要是自然,而人本身则在哲人们的视野之外。传说当时的哲学家泰勒斯因一边走路一边仰头观看星象,不慎跌落井中,引得一位姑娘嘲笑他,只急于知道天上的东西,却忘了自己的存在。只是从智者派领袖普罗泰戈拉起,才出现了以"人事"为主要对象的哲学,到苏格拉底时,他已经认为"心灵是惟一值得研究的对象"。也正是由此开始,西欧文化中就出现了关心人与关心自然的分野,这也正是天人相分思维方式的体现。在中世纪,整个世界又被一分为二,出现了"上帝之城"(天国)与"世人之城"(人世)的长期对立,人学成为神学的"奴婢"，人性受到神性的压制。中世纪神学家安瑟伦曾告诫人们说："轻视自己的人，在上帝那里就会受到尊重，你若把自己看得很微小，在上帝眼中，你就是大的。"在这一时期，人不但与天相分，而且成了天（亦即神）的奴婢和臣民。近代以来，随着人性的解放和科学的发展，人们不仅把无形的天（亦即神）踩在了自己的脚下（如尼采"上帝死了"的宣言），同时，还开始向有形的天（即自然）开战。伴随着人类征服自然过程中的节节胜利，科学精神与理性分析亦得以发扬光大，在近现代的西方文化中逐渐占据了主导地位，并影响到了包括企业管理在内的诸多人类行为。

1. 欧洲科学文化下产生的理性主义企业文化：重法轻情、重科学轻感悟

与中国文化的人文传统不同的是西欧文化传统中科学精神占主导地位，正如康有为所言："中国人重仁，西方人重智。"海洋的惊涛骇浪所带来的生存危机使古代希腊人产生了与自然对立的观念。这一方面引起了他们对超自然神秘力量的膜拜和畏惧，另一方面也引起了他们征服自然的雄心。而驾驭、征服自然的先决条件就是认识和掌握自然规律，爱智、求知成了希腊人乃至整个西方人的共同价值取向。西欧文化是科学文化，发端于古希腊、古罗马，后来受到文艺复兴、宗教改革和西方启蒙运动的深远影响。西欧文化有三大支柱：科学、法

律、宗教。其中法律和宗教都受科学精神的支配,而科学偏重理性、法则,偏重精确化。西欧文化的科学精神主要体现在三个方面:理性精神、客观态度和探索真理的执著。[①] 同时,西欧文化重法律,重制度规范,偏重制度化,一切都用在法律上生效的合同、契约、规则来加以约束并严格遵守执行,没有人会因为其身份、地位等原因而在遵守法律方面受到"特殊照顾",人情和道德不会成为管理过程中的主要考虑因素,概言之就是"重法轻情"。

表 3—2　中国和西欧历史文化背景的差异比较

	中国文化	西欧文化
源泉	中华文明	西方文明
属性	人文文化	科学文化
特点	重"情"	重"法"
管理风格	宏观、模糊管理	微观、精细管理
经济基础	农业经济	商业经济
动或静	静质文化	动质文化
多元或一元	一元文化	多元文化
个人或家庭	家庭本位	个人本位
开放性	保守文化	开放文化

　　科学精神是借着抽象的符号,利用分析、实证的方法对事物做理智的了解,目的在于寻求真理。科学的方法以分析为主,科学分析是理性的思维活动,它是以逻辑思维为特

征的。逻辑思维是人们所熟知的,广义地说,它包括人类的一切认知形式,即通常所说的感性认识形式——感觉、知觉、表象和理性认识形式——概念、判断、推理。西欧文化自古以来就非常崇尚理性思维,爱因斯坦在总结西方文化的成就时曾说,西方科学的成就应归功于两大因素,即亚里士多德创立的形式逻辑和近代兴起的科学实验活动。对此,马克思也总结道:"科学是实验的科学,科学就在于用理性方法去整理感性材料。归纳、分析、比较、观察和实验是理性方法的主要条件。"[①]

西欧的这种"科学文化"塑造了其重法轻情、重科学轻感悟的"理性主义"企业文化。具体而言就是:其一,西欧企业在管理中以"法"为重心,强调对事不对人,以法律、契约、合同和诉讼等手段来管理企业。他们并不是很重视依靠人与人之间的关系或伦理道德来维系并实施管理,而是主张不论亲疏、不分远近、不论地位和职务,一律统一于整齐划一的组织制度和纪律之下,即在管理中特别注意建立规章制度和条例,严格按规则办事,追求制度效益,从而实现管理的有序化和有效化。其二,欧洲企业在管理中注重逻辑思维,重发现,追求精确;注重竞争科学管理、精确管理,实施标准化操作,拒绝模糊性,最大可能地减少不确定性。

---

① 《马克思恩格斯全集》第 2 卷,第 163 页。

2. 中国人文文化下产生的灵性主义企业文化：
   重情轻法、重感悟轻科学

有人认为，与西欧科学文化不同，中国文化是人文文化，这是有道理的。因为中国文化是以孔孟的儒家思想为主导，同时受到道、佛、墨、法、农、名、兵、纵横、阴阳等各家的影响的中华文明，其特点在于提倡力求稳定、少走极端和中庸精神，力求使事物保持稳定、协调、平衡；注重伦理和社会道德，注重人与人之间和谐友好的关系，主张用伦理道德来约束人的行为，处理相应事物并协调和规范人际关系，不主张过于依靠法律和制度解决问题，因为"法律不外乎人情"，运用法律和制度会缺少"人情味"。同时，中国文化重"感悟"而轻"科学"，在某种意义上讲就是重形式的观赏性。艺术重境界、重精神、重感悟，讲究模糊性，忌讳精确性，如果凡事讲得清清楚楚，算得明明白白，会让人感到关系很隔膜，同时也不符合事物的内在规律，因为许多事物本来就是"非此非彼、亦此亦彼"的，很难精确衡量。一句话，中国文化缺少"科学"和"理性"精神而提倡人文和艺术。

中国文化具有"人文传统"，中国全部传统文化的核心价值都是围绕人的社会存在而建立起来的，它并不刻意于宗教和神灵的寄托，也不追求纯自然的科学知识体系，而是专注于人的社会关系和谐与道德人格的完成。[①] 这里所讲的人文传

---

① 徐行言主编：《中西文化比较》，北京大学出版社 2004 年版，第 72 页。

统与西欧文化中自文艺复兴以来所倡导的人文主义和启蒙主义的人道精神并非一回事。后者的要义是把人的地位提升到与神和自然之上的中心位置,强调人性,强调人的主体价值和人权、平等等个人价值。① 根据杜维明教授的看法,作为中国人文传统代表的儒家人文精神主要体现于四个侧面。"第一个侧面是个人的问题,也就是人的主体性问题;第二个侧面是群体的问题,群体就是能从家庭到国家所展开的各种公共领域;第三个侧面是自然的问题;第四个侧面是天、天道的问题。"②

中国的"人文文化"塑造了重情轻法、重感悟轻科学的"灵性主义"的企业文化。具体而言就是:其一,中国企业在管理中以"情"为重心,建立在以家为本位的社会伦理秩序基础上,深受传统文化的中庸观念和君臣父子观念影响。员工之间、员工与企业之间的关系很大程度上是靠情义、信赖、伦理、道德来维持的,"仁义治天下"使中国企业管理者十分注重感情投资与道德教化,企业中的下属对上级有着强烈的依附心理。制度、规范在某些企业中也并不缺乏,但在实际管理过程中却鲜有实施,因为主导企业管理的是"情"——人情、关系、伦理、

---

① 详细探讨参见徐行言主编:《中西文化比较》,北京大学出版社 2004 年版,第 72 页。

② 杜维明:《儒家人文精神与宗教研究》,载《理性主义及其限制》,上海三联书店 2003 年版,第 231 页。

道德,而不是"法"——规章、制度、合同、契约。其二,中国重"感悟"而轻"科学"的企业文化使企业在管理中重直觉,重感悟,重整体性,容许模糊性,从而带来了模糊化管理和经验化管理,中国的企业家更多地将企业管理看做一种"艺术"而非"科学",这一方面增加了中国企业文化中的"人情"及"和谐"因素,另一方面也导致了一项决策从制定到实施都缺少科学分析和数量化的精确论证,使中国的企业管理更多地体现为人治而非法治,所以在具体规章制度的执行过程中往往会因人而异,导致企业工作过程中缺乏统一的规则,标准化程度较低。

全球化已经将中国和西欧的企业界与企业家紧紧地联系在一起,深刻地认识、理解和把握中国与西欧企业文化差异的根源不但有助于促进中欧企业之间加强商贸往来,缩减交易成本,增进相互理解和信任,而且有助于加强整个中国和欧洲之间的经济联系。中国和西欧分别作为东方文化与西方文化的发源地及主要代表,在全球化和双方经济日益融合的大背景下促进企业文化的相互借鉴已是大势所趋。中国企业正在实施"走出去"战略,欧洲就是中国企业"走出去"的重要市场。这一战略在欧洲能否成功在很大程度上就取决于中国企业能否深刻地理解中欧企业文化差异的根源,并据此对自身的企业文化做出适当的调整和更新。能够更快、更准确地把握中欧企业文化差异的根源并迅速做出良好反应的企业必将比其他企业更容易生存和发展并最终成功地融入欧洲市场。从这个意义上说,本书不仅为理解中欧企业文化差异的根源提供了一种解释,也为正在进军欧洲市场的中国企业和企业家(当然也适用于想在中国寻求发展的欧洲企业和企业家)家提供了某种思路和启示。当然,在研究了中国和西欧企业文化差异之根源的基础上,我们可以进一步研究有关中国和西欧企业文化差异的维度问题,以及文化导向问题。

第四章　文化维度理论

一、跨文化管理理论评述

　　企业进行跨国经营时,面对的是与其母国完全不同的文化环境以及由其所决定的价值观念和行为准则,管理者所要解决的不仅仅是企业组织结构、人员配备和资金投向等问题,更重要的是要解决在跨文化背景下由于文化差异所产生的各种矛盾和冲突,这就需要跨文化管理的方法和技巧。

　　所谓跨文化管理(Transculture Management),又称交叉文化管理(Cross-culture Management),是指涉及不同文化背景的人、物、事的管理,①是指与企业有关的不同文化群体在交互作用过程中出现矛盾和冲突时所采取的文化整合措施。在跨国企业内部,各种组织是由具有不同文化背景的员工组成的,有着不同的语言、教育水平、宗教信仰和工作目标等,而

――――――――――

　　① 朱筱笙:《跨文化管理:碰撞中的协同》,广东经济出版社 2000 年版,第 12 页。

来自不同国家的管理者也有着不同的管理方法和经验。如何进行跨文化的有效沟通、协调和管理,直接影响着企业内部运作的效果。在企业外部,跨国公司不仅要满足不同文化背景的消费者的需要,还要适应东道国的风俗习惯、法律制度等。中国企业跨国经营的实践已经表明,来自不同文化背景的人们因价值取向和行为方式的不同而产生的文化冲突,是导致跨国经营失败的重要原因之一。跨国经营企业如何在异域文化环境中努力实现中国文化与东道国文化的融合,建设具有中国特色的企业文化,通过共同的价值观标准、道德标准和行为准则,把具有不同文化背景的各国员工凝聚起来,实现多层次的有效沟通和合作,已经成为中国跨国经营企业的一项重要研究课题。

跨文化管理作为一个全新的概念,是跨国经营活动在全球范围内飞速发展的产物,其目的在于如何在不同形态的企业文化氛围中,设计出切实可行的组织结构和管理机制,最合理地配置企业资源,特别是最大限度地挖掘和利用企业人力资源的潜力与价值,从而最大程度地提高企业的综合效益。①

较早提出跨文化理论的是两位美国人类学家克拉克洪(Kluckhohn)与斯乔贝克(Strodtbeck),他们在《价值取向的

---

① N. Holden,"Knowledge management: Raising the spectre of the cross-culture dimension", *Knowledge and Process Management*, 2001, 8(3): 155—163.

变奏》一书中提出了区分文化群体的六大价值取向理论；荷兰学者 G. 霍夫斯泰德(G. Hofstede)和他的助手先后对公司的多个不同国家的职员进行了有关价值观问题的问卷调查，并分别在《文化的后果》和《文化与组织》两本书中发表了他们的研究成果，总结出了影响民族文化差异的五个维度。①

随着全球化的发展，企业进入跨国经营时代之后，美国兴起了跨文化研究的热潮，尤其是进入 1950 年代后，美国的跨国公司将美国式管理理论与管理方式套用到其他国家，却屡屡受挫。而日本企业在 20 世纪 60 年代末 70 年代初的迅速崛起促使人们重新认识企业文化的作用，日本式企业管理对美国式管理提出了挑战。一向自负、乐观的美国管理学者开始注重对日本式企业管理的研究和探讨。在这种背景之下，不少专家学者着手进行跨文化管理的研究。如理查德·帕斯卡尔和安东尼·阿索斯 1981 年合著的《日本企业管理艺术》、威廉·大卫 1981 年的《Z 理论——美国企业如何迎接日本的挑战》等，都是跨文化管理学研究的重要理论成果。

1990 年代，跨文化研究进入一个高潮阶段。瑞士的 Susan C. Schneider，法国的 Jean Louis Barsoux，美国的菲利

---

① 冯乃祥：《霍夫斯泰德及其文化维度简介》，《国际商务——对外经济贸易大学学报》2008 年增刊，第 37—38 页。

普·哈里斯、罗伯特·莫兰，以及英国的帕特·乔恩特（Pat Joynt）、马尔科姆·华纳（Malcolm Warner）等各国学者都对跨文化管理进行了实质性的研究，并有《跨文化管理》、《跨文化管理教程》等专著相继出版。美国的蔡安迪斯（H. C. Triandis）于1995年提出了个体主义集体主义理论，荷兰管理学者特朗皮纳斯（Trompenaars）1998年提出了文化架构理论。①

国内学者在总结、介绍国外研究成果的基础上，结合中国的实际，进行了一些研究。如清华大学的张德与刘翼生两位教授1990年代初就在《中国企业文化现在与未来》一书中对文化冲突进行了种种分析；胡军1995年在《跨文化管理》一书中全面介绍了西方跨文化管理理论，并研究了"三资"企业的文化冲突与管理问题；②朱筱笙采用比较研究的方法研究了改革开放以来中国的合资企业和跨国公司发展过程中中西文化的冲突与融合问题；③张静河以中西文化差异的对比分析为基础，借助具体案例的剖析，建立了一个系统的跨文化管理理论框架；④马春光则以实证研究的方式分析了国际企业跨

①　黎永泰、黎伟：《企业管理的文化阶梯》，四川人民出版社2003年版，第23—45页。

②　胡军：《跨文化管理》，暨南大学出版社1995年版。

③　朱筱笙编著：《跨文化管理——碰撞中的协同》，广东经济出版社2000年版。

④　张静河：《跨文化管理》，安徽科学技术出版社2002年版。

文化管理中遇到的种种问题；①清华大学的陈晓萍教授在介绍了世界最前沿跨文化管理理论的基础上，着重探讨了文化的融合等问题。②

总之，企业的跨文化管理研究的是在跨文化条件下，如何克服异质文化的冲突，进行卓有成效的管理。其目的在于如何在不同形态的文化氛围中，设计出切实可行的组织机构和管理机制，最合理地配置企业资源，特别是最大限度地挖掘和利用企业的潜力与价值，实行以人为本的文化管理，从而最大化地提高企业的综合效益。跨文化管理作为企业文化建设体系中的一个重要组成部分，对于顺利发挥企业文化的功能起着至关重要的保障作用；同时，随着中国经济的迅速发展和中国企业向海外扩张的加速，如何让中国企业对"走入"国家的民族、企业文化有一个全面的了解和学习，从而最大限度地避免因文化冲突带来的损失，应该是中国当前跨文化管理研究的重点。而文化维度理论则提供了一个崭新的视角来探讨跨文化管理，从总体上把握了国家和企业文化的特点，其理论成果对中国企业参与国际市场竞争，尤其是对化解中国和西欧企业文化的冲突、促进中国和西欧企业文化的融合具有重要的指导意义。

---

① 马春光：《国际企业跨文化管理》，对外经济贸易大学出版社 2004 年版。
② 陈晓萍：《跨文化管理》，清华大学出版社 2005 年版。

二、传统文化维度理论概述

　　跨文化管理研究的主要成果有克拉克洪与斯乔贝克（Kluckhohn Strodtbeck，1961）的六大价值取向理论、吉尔特·霍夫斯泰德（Geert Hofstede，1980，1991）的文化维度理论、特朗皮纳斯（Trompenaars，1993，1998）提出的文化架构理论，蔡安迪斯（Triandis，1995）提出的个体主义集体主义理论。其中最具代表性和影响力的是吉尔特·霍夫斯泰德的文化维度理论。

1. 六大价值取向理论

　　较早提出文化维度理论的是两位美国人类学家——克拉克洪与斯乔贝克（Kluckhohn & Strodtbeck，1961）。克拉克洪曾是哈佛大学的教授，现已去世。他曾参与太平洋战争时美国战争情报处（Office of War Information）组建的一个约30 人的专家队伍，研究不同文化的价值、民心和士气。该研究组通过对日本民族的心理和价值观的分析，向美国政府提出了不要废除日本天皇的建议，并依此建议修改要求日本无条件投降的宣言。二战后不久，哈佛大学加强了对文化价值研究的支持力度，并与洛克菲勒基金会一起资助克拉克洪等人在美国的得克萨斯州一片有五个不同文化和种族的社区共存的方圆 40 英里的土地上展开了一项大规模的研究。六大价值取向理论就是研究成果之一,发表在《价值取向的变奏》一书中。他们认为,人类共同面对六大问题,而不同文化中的人群对这六大问题的观念、价值取向和解决方法就能体现这些群体的文化特征,从而绘出各个文化群体的文化轮廓图,而将不同的文化区分开来。他们提出的这六大问题是:

(1)对人性的看法:善或恶;

(2)人们对自身与外部自然环境的看法:人是自然的主人——人受制于自然;

(3)人们对自身与他人之关系的看法:个体主义——集体主义;

(4)人的活动导向:重视做事或行动——重视存在;

(5)人的空间观念:隐秘——公共;

(6)人的时间观念:一个时间做一件事——同时做多件事。

克拉克洪与斯乔贝克从自己的研究出发,指出不同民族和国家的人在这六大问题上有相当不同的观念,而在这六大问题上的不同观念则显著地影响了他们生活和工作的态度和行为。

不同文化中的人对人性的看法有很大差异。比如说,西方文化对人性的看法比较复杂,不单纯地认为人性善或人性恶,而认为人性可善可恶,是善恶混合体,他们同时认为人性的善恶有可能在出生以后发生变化。基督教的原罪说反映的是人性恶的理念；通过忏悔和行善可以洗脱罪孽，升入天堂，反映的则是人性可变的信念。相反，中国的"人之初，性本善"之说表现的是对人性的乐观态度，而"三岁看老"则有一点人性难变的假设。这一点表现在管理上，西方强调制度，尽可能考虑人性恶可能带来的破坏性行为，在设计制度时严密仔细，事先设置种种限制；而中国则从人性善的角度，假设人不会做坏事，所以制度相对宽松，到坏事发生的时候再去修补制度。

在人们对自身与外部自然环境关系的看法上，不同文化之间也有很大的差异。很多中国人讲求"风水"，选厂址、造房子、建工厂，都得先看风水才能决定，而且房子的朝向、形状等也得与周围的自然环境相和谐，才能人丁兴旺，生意兴隆。西方人几乎不考虑建筑与风水的关系，强调的更是人通过改变自然环境去实现自己的创作意图，达到自己的目标。因此，人主导环境是西方文化的特色，而人与环境和睦相处即为中国文化的特点。这样的价值取向影响人们的思维方式和对事件的反应。比如，2004 年发生的东南亚海啸事件，虽然大家都认为是天灾，但对天灾的归因却能反映出文化的差异。大部分东南亚人将此事归结于命运，赶上了也算天意，虽然悲痛，但没有什么可抱怨的；也有的东南亚人认为此天灾的降临是人冒犯自然的结果，是人得罪了老天爷遭到的报应。西方人有完全不同的反应。他们认为，这是人类预测不准确，对可能的灾难预防准备不够的结果，所以，如果能设计更科学精确的仪器,或对可能发生的灾难提前准备好逃脱的方法,这样的灾难就完全可以避免。

不同文化中的人对自身与他人之间关系的看法也很不相同。中国人把个体看成是群体的一员,个人不可以离开群体而生存。个人不应有与他人不太相同的特征,应该尽量合群,左右逢源。一个人如果太突出,太与众不同,就可能遭排斥。在个人利益与群体利益发生冲突时,个人则应该牺牲自己的利益保全集体的利益,应该牺牲小我,成全大我。长期以来中国宣传的英雄人物几乎都是或多或少具有这些品质的。西方文化恰恰相反,他们认为人应该是独立的个体,每个人都应与众不同,都应有自己的独特之处,否则上帝没有造我的必要。每个人都应该对自己负责,而不是对别人负责;或者说是先对自己负责再对别人负责。比如在飞机上,当有意外要发生的时候,指导语写的是:"先救自己,再救别人。"而不是不顾自己,"救'同志们'要紧"。另外,他们强调人的独立性,而证明独立的重要一点就是离开父母生活,自己打天下,所以,西方青年18岁就离家生活,即使自己的学校或工作地点离父母家很近,也尽量自己另找房子,独立生活。从另一方面来说,父母即使再不愿意,也不得不将孩子送出家门,以培养他们的独立精神。在中国,许多青年成人后依然与父母同住一个屋檐下,直到结婚才搬出去住,觉得很自然,本人也好,父母也好,都认为理所当然。

　　人的活动取向是指一个文化中的个体是否倾向于行动，在这方面中西也有明显不同。比如，西方社会是一个相当强调行动的社会，人必须不断地做事，不断地处在运动之中才有意义，才能创造价值。更有甚者，不仅要动，而且要快。在中国社会里，静态取向，安然耐心仍然被视为美德之一，而非无所事事的表现。有时候，甚至提倡"以静制动"，"以不变应万变"，强调无为而治。所以，当西方人遇到问题的时候，总是立即找出解决方法，然后实施；而东方人有时候会选择静观其变，让时间和外界环境自然成熟，再抓住时机去把问题解决。这样的智慧则很难被西方人接受。

　　人在关于空间的理念上表现出来的文化差异也非常显著。中国人倾向于把空间看成公共的东西，没有太多隐私可言；而西方人却倾向于把空间看成是个人的私密之处，他人不能轻易走近。中国家庭中的房间常常没有单独的门锁，家里任何人都可随意进出，包括父母的房间，孩子的房间更不用说了。父母进入孩子的房间无需敲门，有的父母甚至擅自拆看子女的信件，翻阅子女的日记，也不觉有什么不妥。西方家庭的房子每一个睡房都有门锁，有的孩子还在门上贴上一个大大的"停"（STOP）字，以幽默的方式提醒别人尊重自己的隐私。如在德国，办公室的门都是紧紧关着，居民区的房屋更是大门紧闭，窗户严实，连窗帘都一丝不苟地挂下。

　　最后，身处不同文化中的个体对时间的看法更加表现出文化差异。对时间的看法主要涉及两个层面：一是关于时间的导向,即一个民族的国家是注重过去、现在还是未来。二是针对时间的利用,即时间是线性的,应在一个时间做一件事;还是时间是非线性的,在同一个时间里可以做多件事。

关于时间的导向,我们都知道中国文化关注过去和现在,而较少注重未来;西方文化则很少关注过去,基本着眼于现在和未来。如看中国的电视频道,十有七八播放着古装电影、戏剧或电视连续剧,唐代的、宋代的、清朝的……一部接一部,乐此不疲。

这种导向的另一个表现反映在做事的计划性上。在商业运作中,在管理中,西方人则更讲究计划性。如果你去看任何一个西方经理人的日历,上面通常都已写下了未来几个月的安排:商务会议、谈判、出差计划、休假日期,以及与别人的午餐约会、晚餐约会,远程的商业活动更是提前半年一年就开始做安排了。这种习惯让着眼于过去和现在的文化中的人很难适应,你怎么可能知道你在半年后的某一天几时几分会有空呢?我怎么可能现在就与你定下半年后的一个约会呢?实在匪夷所思。这种由于时间导向不同造成的挫折感,在跨文化商业交往中经常出现。

此外,将时间看成线性与否也是区分文化的重要方面。德国人倾向于把时间看成线性的,一个时间内做一件事,做完一件事后再做另一件事,一个约会完了之后紧跟下一个约会,每一个约会在事先规定的时间内完成。比如我去看医生,约的时候我告诉她们我觉得胃不舒服,可是到那天去看病时,我突然觉得嗓子也不舒服,要医生帮我看一下嗓子。德国医生就会要我再约一个时间回来看嗓子,因为下一个病人在等他,他得按时间表做事。对我来说,我觉得他的行为不可理喻,难道我这个病人还没有他的时间表重要? 而且我已经在这里了,为什么还要我再跑一趟? 相反,中国人则把时间看成是非线性的,一个时间内可以做多件事,不必按部就班有板有眼地按时间表行动,而必然随机应变根据当时的情况及时调整时间安排,不让自己成为时间表的奴隶。

综上所述,用克拉克洪与斯乔贝克提出的六大价值取向理论来区分文化能够帮助我们理解许多平时观察到的文化差异现象,并对有些"异常"行为进行合理的解释。该理论没有探索更深层次的原因,即为什么不同国家和民族在这六大价值取向上会如此不同。[①]

2. 文化维度理论[②]

文化维度理论是跨文化理论中至今最具影响力的一个理论,由荷兰管理学者 G. 霍夫斯泰德提出。1974 年,G.

---

① 陈晓萍:《跨文化管理》,清华大学出版社 2005 年版,第 28 页;2009 年版,第 28—33 页。

② 关于该理论的介绍和探讨参见[美]马尔科姆·沃纳、帕特·乔恩特主编,郝继涛译:《跨文化管理》,机械工业出版社 2004 年版,第 104—122 页。

霍夫斯泰德和他的助手对 IBM 公司的 50 多个不同国家的职员进行了有关价值观问题的问卷调查,并于 1980 年在《文化的后果》一书中总结了影响民族文化差异的四个维度,即权力距离、个人主义与集体主义、事业成功与生活质量、不确定性规避。

1980 年代后期,霍夫斯泰德又在更多的国家和地区作了进一步的研究,不仅证实了这四个纬度,同时又发现了一个新的维度:长期导向与短期导向。该研究结果发表在他 1991 年出版的第二本书《文化与组织》中。[①]

(1)权力距离:权力距离是指社会对权力在社会或组织中不平等分配的接受程度。[②] 权力距离是民族文化差异的最典型特征。处于权力距离比较大的国家里,人们有严格的等级观念,上司具有较大的权威且不易接近;处于权力距离比较小的国家里,人们认为彼此是平等的,等级制度的建立只是为了工作的方便,并且职务的高低是可以变换的。

(2)个人主义与集体主义:在霍夫斯泰德的理论中,个人主义与集体主义是作为不同的文化特征而被讨论的,它并不涉及国家权力是由少数人掌握还是由集体掌握的问题。

---

① Brendan McSweeney, "Hofstede's Model of National Cultural Differences and Their Consequences: A Triumph of Faith—A Failure of Analysis ", *Human Relations*, 2002, Vol. 55, No. 1: 89—118.

② 陈晓萍:《跨文化管理》,清华大学出版社 2005 年版,第 34 页。

(3)事业成功与生活质量:追求物质还是强调人际和谐。①

(4)不确定性规避:不确定性规避是指一个民族对所生存的社会感到无把握的、不确定的或模糊的情景威胁时,试图以技术的、法律的和宗教的方式,来避免不确定局面的发生。每个民族的不确定性规避都有显著的强弱差异。

(5)长期导向与短期导向:这个维度表明一个民族持有的长期或近期利益的价值观。具有长期导向性的文化和社会要求面对未来,注重对未来的考虑,对待事物以动态的观点去考察;短期导向性的社会和文化,则立足于现在,着眼于目前利益,注重承担社会责任。最重要的是此时此地。

表 4—1　不同国家(地区)在五个维度上的差异

维　度	分数高的国家(地区)代表	分数低的国家(地区)代表
权利差距	法国、西班牙等欧洲国家	美国、英国等
个人主义/集体主义	美国、英国等	中国香港、中国台湾、韩国
不确定性规避	希腊、葡萄牙等	美国、香港、新加坡
事业成功/生活质量	日本、奥地利等	丹麦、荷兰、瑞典等
长期目标/ 短期目标	日本等	新加坡、香港等

① 陈晓萍:《跨文化管理》,清华大学出版社 2005 年版,第 34 页。

　　霍夫斯泰德的文化分析框架是跨文化管理研究中较为完整、系统的文化分析模式。它说明了一个国家、企业的管理原则与方式是建立在其文化（企业文化）基础上的，只有透过文化（企业文化）的差异性观察不同国家的管理方式的差异性，才能提升跨文化管理活动的目标性及有效性。对中国和西欧企业而言，霍夫斯泰德的文化维度理论对这两种企业文化的融合具有重要作用。

3. 文化架构理论①

　　与霍夫斯泰德一样，荷兰管理学者特朗皮纳斯也用文化维度来表达他的理论。他提出了七大维度：普遍主义与特殊主义、个体主义与集体主义、中性与情绪化、关系特定与关系散漫、注重个人成就与注重社会等级、长期导向与短期导向、人与自然的关系。在这七大维度中，个体主义与集体主义、长期导向与短期导向、人与自然的关系三个维度与本书前面两个理论介绍的大体相同，在此只重点介绍其余四个维度。

　　（1）普遍主义—特殊主义②

　　普遍主义与特殊主义这个概念最早不是特朗皮纳斯的创

---

　　① ［英］弗恩斯·特朗皮纳斯、彼得·伍尔莱姆斯著，陈永倬译：《跨文化企业》，经济管理出版社 2007 年版。

　　② 普遍主义与特殊主义这个概念最早是由社会学家帕森斯（1951）提出的。普遍主义者认为对所有事物都应采取客观的态度，而且世界上只存在一个真理，只存在一种正确解决问题的方法。特殊主义者认为一切都是相对的，时间没有绝对真理，也没有唯一正确的方法，而是有多条路可走，殊途同归。

造,而是由社会学家帕森斯(1951)提出的。普遍主义者强调用法律和规章指导行为,而且这些指导原则不应因人而异。"法律面前人人平等"就是普遍主义者的响亮口号。此外,普遍主义者认为对所有事务都应采取客观的态度,而且世界上只存在一个真理,只存在一种正确解决问题的方法。相反,特殊主义者强调"具体问题具体分析",不用同一尺度去解决问题,而应因人而异,因地而异。另外,特殊主义者认为一切都是相对的,世间没有绝对真理,也不存在惟一正确的方法,而是有多条路可走,殊途同归。在说明这个概念时,一个用得最多最广的例子就是"开车误撞行人"的情境。

在企业管理方面,普遍主义与特殊主义表现出来的区别也是非常显著。在普遍主义看来,管理强调建立制度和系统,同时制度和系统应该是能为大多数人服务并满足大多数人要求的。制度一旦建立,人人都须遵守,对所有人都一视同仁,没有人可以凌驾于制度之上。西方是强调普遍主义的国家,几乎所有企业都有详细的规章制度和各种内部管理系统。当个案发生时,马上就会想到如果今后类似的情况出现应该怎么应对,怎样的解决方案才有普遍的意义,怎么处理才是对所有人都公平的,等等。这成为管理者的一种思维方式。

相反,特殊主义的管理特点则是"人制"。制度虽有,却大都停留在纸面上。遇到问题的时候,企业中的管理人员也好,员工也好,常常想到的是怎么通过关系或熟人把问题解决,而不是通过公司的制度渠道。因此,建立个人关系网就成为很多人孜孜不倦的工作。与从个案走向普遍的思维逻辑相反,特殊主义者的思维方式更倾向如何从普遍中找出特殊,将自己的问题作为特殊情况处理。特殊待遇成为大众追求的东西。"上有政策,下有对策"就是从制度中找漏洞将自己特殊化的典型例子。

从另一方面来说,要在特殊主义社会中变革制度,光讲逻辑还不行,还必须理顺改变改革者与被改革群体之间的关系才能实现。比方说大家都认识到中国的高校制度有问题,教授终身制,没有淘汰机制。要改变这个制度,管理者与大家讲道理,讲大学的逻辑,讲教师的责任和角色,讲没有淘汰机制中国的大学自己将被世界淘汰出局的危险。道理都明白了,但真正的变革就能实现吗?不把人与人之间的关系理顺,再好的制度都会遇到阻力,都无法建立、推行。

普遍主义者与特殊主义者的另一差别是,普遍主义的产物显然是"机械"、"死板"、不善于随机应变;而特殊主义者则要灵活,愿意按具体的情形调整自己的标准和行为,愿意从特殊性出发去处理问题。

普遍主义思维之下很容易产生我们现在非常提倡的"敬业"精神。所谓敬业,就是对自己从事的职业忠实、专业,不因人而异。比如,一个敬业的医生就应该对所有的病人态度友善,耐心询问病情,认真倾听病者的陈述和问题,然后做出诊断,开出合适的药方;而不是对熟人态度友好,用药讲究,对陌生人就不耐烦,草草了事,随便开药。再比如教师就应该对所有的学生用同样的标准衡量,批改作业和考卷,然后给出分数;而不是对于自己有交往的学生、自己指导的学生特别宽松,面对没有交往的学生,或对其他教授指导的学生就特别严格。

在企业管理中,一个敬业的管理人员就应该对所有下属都一视同仁,不分亲疏,用同样的招聘指标、业绩指标去评价所有的人。中国社会之所以还没有形成这里定义的敬业精神,恐怕与文化深层的"特殊主义"不无关系。①

(2)中性—情绪化

中性—情绪化维度是另一个能帮助我们区分文化差异的重要方面。这个维度主要指人际交往中情绪外露的程度。情绪表露含蓄微弱的文化被称为中性文化,而情绪表露鲜明夸张的文化被称为情绪文化。最典型的中性文化国家为中国、日本和其他亚洲国家;最典型的情绪文化国家为意大利、西班牙和其他南美国家。美国处在两极之间。在中性文化里,人与人之间很少身体的接触,人与人之间的沟通和交流也比较微妙,因为情绪表露很少,需要用心领会才行。相反,在情绪

---

① 陈晓萍:《跨文化管理》,清华大学出版社 2009 年版,第 61—66 页。

文化里,人与人之间身体的接触比较公开自然,沟通交流时表情丰富,用词夸张,充满肢体语言。

　　法国文化也是比较情绪的文化之一,朋友之间说话距离站得很近,手势也多,而且表情丰富。见面也是拥抱,并且接吻。在中性文化中,人们一般会避免情绪激昂的行为,情绪外露的人常被看成是不稳重、不成熟、缺乏自制能力,有时甚至不可靠。这样的人要当领导一般没什么希望。相反,老成持重、含而不露、喜怒不形于色才是值得敬佩的境界。在这样的文化中,城府深的人显得有涵养,容易受到器重和赏识。同时,因为大家都含蓄,不轻易流露感情,所以人们对别人的表情变化就特别敏感,细微的脸部肌肉运动都会引起注意,一个小小的手势就会打破整个会议的气氛。人们察言观色的能力比较强。压抑情绪的能力也比较强,有许多人是表面静如止水,而内心波涛汹涌,一旦发泄出来,就会比较强烈。

　　在情绪文化中,情绪外露是自然的,而且是加强自己的观点的一个重要手段。不表露感情被看成是冷血,而且无趣。激情是热爱生活的表现,是生命活力的显示。意大利人把激情看成是生命的最高境界,对艺术的激情,表现在他们的绘画、歌剧,甚至时装设计中;对食物的激情,表现在他们自家酿制的葡萄酒里,自己做的各种面食、空心粉、比萨饼里,每一种都用红色的番茄酱和成年的奶酪做调料;对爱的激情,对人的激情,表现在他们日常生活的语言里、举止中和充满夸张的表情里。

关于中性—情绪化这个维度,特罗姆皮纳斯曾经问过以下问题来看不同国家在这个维度上的差别。他问"如果你情绪不好,有点生气,会不会在上班时流露出来?"结果发现法国人意大利人大部分都说会,而中国只有不到半数的人说会流露。①

(3)关系特定—关系散漫

这个维度可以用来描述和解释在不同文化中生活的人在人际交往方式上的巨大差别。克特卢温在1934年出版的《拓扑心理学的原理》一书中提出了两类交往方式:U类方式(即特定关系类型)和G类方式(即散漫关系类型)。U类交往方式,个体的私人空间很小且封闭,公共空间很大,领域与领域之间有严格的界限。G类交往方式,表明即使是公共空间,一般人也不能轻易进入;公共空间要狭窄很多,私人空间相对要大,不封闭,生活的不同领域彼此之间的界限不是绝对分明,而是互相渗透。

(4)注重个人成就—注重社会等级

注重个人成就的文化是指在这种文化中,一个人的社会地位和他人对该人的评价依据是近期的业绩和成就。注重社会等级的文化则意味着一个人的社会地位和他人的评价是由出

---

① 陈晓萍:《跨文化管理》,清华大学出版社2009年版,第66—69页。

生、血缘关系、性别或年龄决定的,或者是由人际关系和教育背景决定的。这个维度的定义总的比较混乱,但是有一点清楚的是,一个人的社会地位应该完全由这个人的个人成就决定与否是区分不同国家在这个维度上的关键所在。我们知道,在有些国家,出生于皇家及贵族的人生来就具有了一定的社会地位,不管他的个人能力如何,为国家和社会作过什么贡献。而在有的国家即使你是总统的子女,也不意味着你自然就能赢得人们的尊敬,就具有高人一等的社会地位。

注重个人成就的文化造就追求个人成就的个体,而且是越不靠别人,只通过个人努力取得的成就越值得敬佩。"自我缔造"是一个让人骄傲的字眼儿。美国是一个典型的注重个人成就的社会。在那里,出身"名门"的人会故意隐去自己的家庭背景去求学,去工作,以便证明自己的工作成就来自个人的努力而与其他背景没有关系。相反,在注重社会等级的文化中,人们会千方百计地寻找一切可能的关系或背景为自己增加社会价值,证明自己的重要性。这里,人们关注的不是自身的努力和成就,而是能够衬托自己的其他因素。①

4. 个体主义—集体主义理论

个体主义—集体主义理论是蔡安迪斯经过近 30 年对文

---

① 陈晓萍:《跨文化管理》,清华大学出版社 2009 年版,第 76—82 页。

化差异的研究之后提出来的。个体主义—集体主义不是一个维度的概念，而是一个文化综合体，包括许多方面。此外，蔡安迪斯将这个概念降到个体层面，用它来描述个体的文化导向而非国家或民族的文化导向。

蔡安迪斯提出五个定义个体主义—集体主义的重要方面：①

（1）个体对自我的定义：一般来说，个体主义者将自我看成独立的个体，可以脱离他人而存在，而且作为独特的个体，应该与众不同。别人对自己的看法常常用来验证自己对自我的定义，而不直接影响或进入自我概念的范畴；而集体主义者则把自我看成群体中的一员，与他人有互赖的联系，不能脱离他人而存在。个人应该属于某一个群体，如果找不到"组织"，会有很强的失落感，一下子不知自己是谁。别人对自己的看法至关重要，常常会影响到自己对自我的评价。

（2）个人目标和群体目标的相对重要性：对个体主义社会中的人来说，个人利益当然比群体利益重要。当自己的利益与集体利益发生冲突的时候，首先考虑的是如何保全正当的个人利益，然后才是集体利益。在集体主义社会中长大的人从小所受的教育正好相反。个人利益是阴暗的东西，不仅不能提倡，还应加紧防范。当自己的利益与集体利益发生冲突

① 陈晓萍：《跨文化管理》，清华大学出版社 2005 年版，第 43—62 页。

的时候,首先考虑的是集体利益,然后才是如何保全正当的个人利益。

（3）个人态度和社会规范决定个体行为时的相对重要性：社会心理学中的合理行动理论指出,影响个体行为的因素不外乎个体对该行为的态度和兴趣、个体感知到的别人对该行为的看法。跨文化研究结果表明,在以个体主义为主要导向的社会中,个体的行为动因主要来自于自身对该行为的态度和兴趣;而在集体主义社会中,个体行为的主要驱动因素主要来自自己对他人可能将有的看法的认知。

（4）完成任务和人际关系对个体的相对重要性：个体主义者把完成任务看得很神圣、很重要,而与他人的关系并不直接影响个体对自身的评价;而对集体主义者而言任务是可以用来帮助其与他人建立关系的工具,而不是终极的目的。个人的自我概念,包括自尊和自我价值都与那些和他们有密切关系的人对他们的评价密切相关,因此,与他人保持良好的关系就变得至关重要,变成个人存在的目的。

（5）个体对内群体和外群体①的区分程度：在对内外群体的区分上,个体主义者与集体主义者有非常显著的差别。一

---

① "内群体"是指与个体有密切关系的群体,如家人、工作团队,在有的情况下,甚至包括同乡、同胞;"外群体"则是指与自己毫无关系的人的总和,如其他公司的人、外国人或完全的陌生人。

般而言,个体主义社会不强调内外之分,常常对所有人一视同仁,没有太多厚薄之分。集体主义社会却对内外群体严格区分,"内外有别",内则亲,外则疏,不可同日而语。

事实上,文化维度理论把世界上众多国家千差万别的文化从不同的维度进行区分,为我们认识各种文化差异,进行更有效的跨文化管理和交际提供了一个全新的视角和分析工具。同时,从文化维度视角来分析跨文化问题有利于企业从各个侧面把握不同文化的特点,从而找出解决文化冲突和矛盾的有效方法,提高企业跨文化管理的针对性和有效性。

三、中国和西欧企业文化的文化维度差异

根据霍夫斯泰德的文化维度理论,中国和西欧企业文化在文化维度上存在着巨大而显著的差异,理解这些差异对于加强两种企业文化的融合、促进中国和西欧企业跨区域经营具有重要意义。

1. 个体主义与集体主义

霍夫斯泰德将个体主义与集体主义定义为"人们关心群体成员和群体目标(集体主义)或者自己和个人目标的程度(个体主义)"。个体主义文化强调个人目标、个人独立,而集

体主义文化提倡人与人之间的相互依赖和不可分割。个人主义与集体主义倾向描述的是相同社会群体的不同人之间的关系,表明了一个社会更看重个人还是集体,由此可以看出企业中的个人决策能否被接受。①

中国企业文化注重集体主义,强调团体的角色,团体内的成员和其他团体的成员会被区分开,团体间的协调和合作十分重要;同一个企业内的成员相互照顾,领导的角色是要促进企业团队的共同努力和整合,培养出一种正面支持的氛围,从而创造出必要的环境或企业文化,使雇员对企业产生情感和道德上的牵连,从而把企业看做是他们自己的,企业的成功就是他们的成功,企业的失败也是他们的失败。

西欧企业文化强调个人主义,雇员在情绪上是独立的,雇员对企业几乎没有什么义务,或者根据自己的需要做出反映,其对企业的义务是十分脆弱的,这种义务只有在个人看到了对自己有明显的利益时才存在。就一定程度而言,个人把自己的兴趣置于企业之上。在工作中,个人决策和成就非常重要,个人对自己的任务负有全部责任:他们接受上级的任务,但他们有保留批评的权利。企业经理们则会得到鼓励自己做出决策,而不是大量地依赖作为集体的企业

---

① Geert Hofstede, *Culture's Consequences*, Beverly Hills: Sage Publications, 1984.

的支持。①

2. 权力距离

权力距离是指在一个国家的组织或机构中,权力较小的人期望和接受权力分布不平等的程度,其大小是通过权力距离指数(PDI:Power Distance Index)来表示的。它反映出不同国家在对待人与人之间不平等这一基本问题上的不同态度,也揭示出一个国家人际关系的依赖程度和管理中的上下级之间的社会距离。

中国企业文化中权力距离较大,层级扮演着重要的角色,组织倾向于拥有更多的层级结构(纵向的差异),存在着不平衡的权力分配,拥有更高比例的监督人员(狭窄的控制跨度),以及更加集中的决策。西欧企业文化中权力距离相对则要小很多,人们相信在企业中人人拥有平等的权力,所谓等级制度不过是所任职务不同而已,每个人都能参与企业决策,组织结构更加扁平,更少集权与独裁。经理承认需要支持,偏好商量,下属也敢于对上级表示不同的态度,他们之间是相互依赖的。这种企业文化中的员工对独立有很高的评价,也有相当强的工作伦理意识。

---

① [美]马尔科姆·沃纳、帕特·乔恩特主编,郝继涛译:《跨文化管理》,机械工业出版社 2004 年版,第 112—121 页。

3．事业成功与生活质量

西欧的企业文化注重事业成功,成功被定义为财富和赞誉。企业激励方式也是以赚得的钱和物质的多少为基础,而不以生活质量为基础,他们对生活的看法是"活着是为了工作"。在工作和生活的权衡中,为了工作和事业,西欧人常常可以毫不犹豫地放弃家庭和生活;而中国企业文化强调家庭生活,生活质量、环境以及其他成就以外的事情被认为是更有价值的,如人们更看中工作性质和满意度,希望能有更多的时间休息而不是更多的金钱,对生活的看法是"工作是为了生活"。工作和家庭在中国人心目中的地位显然无可替代,为了家庭和生活幸福,中国人有可能放弃工作。

4．不确定性规避

不确定性规避①指的是一个社会对不确定性的接受程度,或是对可遇见性和稳定性的偏好程度,它反映的是人们在社会中遇到不明白的事物时的焦虑程度。

西欧企业文化中有较强的不确定性规避倾向,人们会努力减少风险,制定一些规章和制度来避免含糊不清的事情。

---

① 不确定性规避的强弱是通过不确定性规避指数(UAI: Uncertainty Avoidance Index)来衡量的。

企业中一般都有大量的正式制度性条文,并要求更高的专业化程度,即将员工的技术能力、工作及职能的定义放在更重要的地位,强调工作的安全性和良好的工作职务描述,规则、规章和标准的操作程序更具有普遍性。管理人员的职责将不单单是计划、组织、协调和控制,他们将会尽可能避免风险,并被稳定性和安全性所激励,编制长期性的计划,而且要严格按计划执行。尤其是德国人,非常严谨,做事精益求精,在企业里要求管理者给出精确的任务要求。显然,西欧人非常重视不确定性规避,凡事都讲究确定性。

中国企业文化中的不确定性规避倾向比较低,人们更能接受不确定性,他们愿意承担风险。计划只作为一个框架,在这个框架中快速的改变可能是时常发生的。企业的管理者对下属的要求往往只说个大概,而较少作书面的详细交代,而是希望下属自己去"领悟"。这样做虽然给了下属发挥创造力的空间,但是,不确定性规避程度也随之降低。中国的企业员工对模糊的指导没有怨言,对出现眼前不能预知的结果也能理解和接受。

5. 长期导向与近期导向

注重长期回报,强调的是在世界上要过一种品德高尚的生活,主要的美德是节俭和百折不挠;而注重短期回报的国家着重直接的思维观,即直接面对问题的要点,他们在做生意的时候会直接谈论关于生意的话题。

中国企业文化注重长期导向。中国企业做事习惯于从边缘切入,全部情况了解清楚之后,再进入中心话题,谈"正事"。比如,第一次与对方公司的代表见面,商谈一桩短时的生意,我们也会花很多时间介绍公司的历史、发展方向、各类产品线,以及人事组织结构等;然后,让对方公司介绍自己的情况,全部完毕之后,才进入具体的项目谈判。西欧企业文化注重短期导向。西欧企业文化是短期导向的文化,有把所有生意都看成一锤子买卖的倾向,所以觉得介入那些与生意没有直接关系的活动纯粹是浪费时间。

第五章　文化导向论

在研究文化维度和中欧企业文化的过程中，笔者发现，不同文化中的人群对同一问题的观念、价值取向和解决方法常常不同，这就显示出显著不同的文化导向，从而体现出这些群体的文化特征，进而绘出各个文化群体的文化轮廓图，而将不同的文化区分开来。所谓文化导向，就是人们在面对人类都会面对的共同的基本问题时所表现出来的心理、态度和行动的综合偏向。不同的群体有不同的文化导向，从而体现出自身独特的存在和鲜明的群体性格。在实施经营管理的时候，对具有不同文化导向的群体，应该采取不同的管理思想、经营战略和管理方式，从而相应的组织结构、人际关系和管理理念也应有所区别。正因如此，笔者在深入全面地研究了中西学者所提出的种种文化维度理论的基础上，经过认真思索，总结出了文化导向论的基本框架，希望在此基础上经过对不同文化群体的深入调查研究，总结出他们各自的文化导向类型并探寻对其最契合的发展战略、经营策略和管理方式，并用以比较中国和西欧企业文化在文化导向的各个维度上的差异,以便对理解两种企业文化、促进中国和西欧企业文化融合起到促进作用。

一、文化导向论的基本框架

笔者所提出的文化导向论,由六大文化导向维度共同构成,它们分别是:个人—集体导向、人际关系导向、人的活动导向、时间观念导向、事业—生活导向和性情导向。而每个文化导向维度又包含若干个子维度,它们共同构成了文化导向论的基本框架(表5—1)。

不同群体(民族、国家)在这六大导向问题上有相当不同的观念,而这些不同的观念显著地影响了他们工作和生活的态度及行为。不过,需要说明的是,文化导向论所提出的不同群体(民族、国家或地区)在各个导向维度上的差异都不是绝对的,而是一个总体趋向和统计学上的正态分布。例如,对于"个体—集体"这一维度的导向,一般认为中国人重集体,而西欧人重个体,这只是就总体而言,从统计学的人数比例和分布来看,中国大部分人集中在更注重集体这一区域,而西欧人大部分集中在更注重个体这一区域,从而呈现出正态分布趋势(图5—1)。

表 5—1　文化导向论的基本框架

文化导向	维度偏向	维度偏向
个人—集体导向	个人利益	集体利益
	个性化	趋同化
	个人主义	团队精神
人际关系导向	权力集中	权力分散
	内群体	外群体
	关系特定	关系散漫
人的活动导向	主动	被动
	全局	局部
	原则性	灵活性
时间观念导向	强时间尊重度	弱时间尊重度
	线形	非线性
	长远导向	近期导向
事业—生活导向	个人成就	生活质量
	工作	家庭
	物质追求	精神追求
性情导向	乐观	悲观
	内敛	外露
	感性	理性

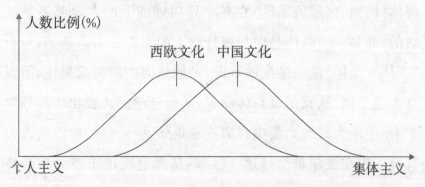

图 5—1　文化导向正态分布图（以个体—集体导向为例）

二、文化导向论的主要内容

1. 个人—集体导向

个人导向强烈的人群是个体主义者,而集体导向强烈的人群是集体主义者。这两种不同导向的人群在面对个人利益与集体利益、个人态度与社会规范以及个人和团队的关系时,都会表现出截然不同的态度和行为。

(1)个人利益与集体利益[①]

对个体主义社会中的人来说,个人利益当然比群体利益更重要。在法律允许的范围内追求个人利益不仅合理,而且提倡。亚当·斯密的"看不见的手"说的就是这个意思:每个人在追求个人利益最大化的同时,能够实现群体利益的最大化,市场就是一只无形的巨手,将个人利益与群体利益的关系自动理顺。这当然为追求个人利益提供了理论依据,使追求个人利益者理直气壮。追求个人利益最大化于是成为西方经济学最重要的基本假设。

当自己的利益与集体利益发生冲突的时候,个人主义者

① 关于该维度的探讨参见 Geert Hofstede, *Culture's Consequences*, Beverly Hills: Sage Publications, 1984.

首先考虑的是如何保全正当的个人利益,然后才是集体利益。在集体主义社会中长大的人从小所受的教育正好相反,他们认为,个人利益是阴暗的东西,不仅不能提倡,还应防范;追求个人利益被看成是自私的表现;当个人利益与群体利益发生冲突的时候,应该毫不犹豫地牺牲个人利益,而不是牺牲集体利益。在这种理念指导下,那些想为自己谋利益的人就得想出各种各样的方法借口或伪装,使自己的行为合理化,其中一个与强调集体利益相一致的最好手段就是借用集体的名义。在中国社会,如果一个人为了个人私欲犯了法,大家都会认为不可饶恕;但如果一个人为了集体的利益违规,那么评价就可能很不相同。因此,同样一种行为,如果终端受益者为个人,那么就会遭到一致谴责;如果终端受益者为集体,那么就会获得同情。

集体与个体利益相冲突的情形在日常工作生活中经常出现,而反应的方式和处理应对的方法在不同的文化中就有很不同的表现。这些文化差异也被更严谨的研究所证实。比如,美国学者厄雷的一系列实验都显示,当让集体主义者共同对某一工作负责时,他们的工作表现比让他们对个体负责要好。相反,个体主义者的工作表现在用个体负责制时最好。同时,以群体方式所作的培训大大影响了集体主义者的自我有效信念,因为他们的注意力集中在群体层面的线索。个体主义者的自我有效信念则更多地受到以个体为单位的培训,因为他们的注意力集中在个体层面的东西。这些结果表明,对集体主义者来说群体培训效果更好,而个体培训对个体主义导向的人效果更佳。

(2)个性化与趋同化

个性化强烈的群体,个人态度在决定其行为的时候作用明显且相对重要;而趋同化强烈的群体,社会规范在决定其行为的时候作用明显且相对更重要。影响个体行为的因素不外乎两个:一个是个体对该行为的态度和兴趣,另一个则是个体感知到的别人对该行为的看法。比如,一个小孩很喜欢画画,而大人也赞赏他画画的行为,那么他就会经常画画。再比如,一个男孩正在和一个女孩谈恋爱,男孩觉得自己的父母朋友也都很喜欢这个女孩,那么他就会继续与她交往下去。从这个意义上来说,当这两个因素彼此和谐统一时,人的行为很容易预测,不管该人生活在个体主义还是集体主义社会。可是,当这两个因素互相排斥时,究竟哪个因素更占主导地位就表现出文化差异来了。[①]

一系列的跨文化研究结果表明,在个体主义为主要导向的社会中,个体的行为动因主要来自于自身对该行为的态度和兴趣;而在集体主义社会中,个体行为的主要驱动因素主要来自自己对他人可能将有的看法的认知。[②] 在个体主义社

①　马春光:《国际企业跨文化管理》,对外经济贸易大学出版社 2004 年版。
②　[美]马尔科姆·沃纳、帕特·乔恩特主编,郝继涛译:《跨文化管理》,机械工业出版社 2004 年版,第 68—69 页。

会,人首先想到的怎么做能最大程度地满足自己的利益和需求,而不是别人的。人首先为自己活着,做任何事都得让自己觉得合适和自然,因为最终是自己而不是别人对自己的行为负责。"走自己的路,让别人去说吧!"就是典型的个体主义信仰。个人的态度决定个人的行为,用来描述个体主义社会中的现象基本会比较准确。这可能是为什么在西欧有如此之多的关于人的态度的研究,而很少有关于隐形社会规范对人的影响的研究,因为知道了一个人的态度就能在很大程度上预测该人的行为,其余的则不那么重要。

(3)个人主义与团队精神

个体主义社会中的个人因为强调独立的自我,理性对个体来说就比关系要重要得多。一个例子是他们对完成任务的态度。因为是否胜任某个工作或完成某个任务能显示个体的能力和特点,是自我定义中的一个重要组成部分,因此,个体主义者把完成任务看得很神圣、很重要。同时,与他人的关系并不直接影响个体对自身的评价,因为个人只能通过自己的行为举止,而非通过与他人的关系证明自己,就像《圣经》中所言:"上帝只帮助那些自己能拯救自己的人。"所以,相对于完成任务而言,人际关系便不那么重要。

对于集体主义者来说,一切正好相反。对于他们,团队精神和人际关系比完成任务更重要。任务是可以用来帮助与他人建立关系的工具,而不是终极的目的。他们的自我概念,包括自尊和自我价值,都与那些与他们有密切关系的人对他们的评价密切相关。因此,与他人保持良好的关系就变得至关重要,变成个人存在的目的。

在商业谈判中研究者发现,集体主义者总是喜欢在正式谈判之前与谈判对方建立一点个人联系,闲聊一些与谈判无关的话题;而个体主义者总是喜欢直奔主题,对建立关系不感兴趣。此外,集体主义者认为建立关系在先,关系建立了,谈判生意自然成功;而个体主义者则认为只有先谈成生意,才有可能在未来建立关系。对许多中国人来说,有时即使生意谈不成,关系本身的建立也被看成是一种成功;有时即使生意谈成了,但在此过程中破坏了关系,也会认为不值得。

2. 人际关系导向

人际关系导向不同的人群在权力距离集中与分散、内群体和外群体的区分程度以及关系特定或关系散漫的选择方面都有着显著不同。

(1)权力集中—权力分散

权力的集中或分散表示组织或社会中的集权与分权程度。[①] 权力集中意味着在组织或社会中权力集聚在少数领导

---

① R. S. Shuler and S. Jackson, "E1 Linking Remuneration Practices to Innovation as a Competitive Strategy ", *Human Resource Australia* , 1988, 10 (5):6.

者手中,上下级之间权力差距巨大,下级很少掌握权力并只能服从少数领导者的决定;而权力分散意味着在组织与社会中权力分配相对均匀,上下级之间没有十分明显的权力差距和等级关系,下级也掌握着重要的权力而不必完全无条件服从上级。在权力集中的社会或群体中(如中国),人们注重社会等级,崇尚尊卑有序、长幼有别、上下有度,所以对社会权力分配的不平等坦然接受。表现在组织形式上就是普遍的严格的金字塔式组织,人际关系呈现出较为普遍的疏远、沉闷等特征,少数人掌握权力但并不承担相应的责任。在权力较为分散的社会或群体中(如美国),人们崇尚个性自由,认为人人生而平等,不喜欢过于严格的社会等级和上下差别,对社会权力分配的不平等很难接受。[①] 表现在组织形式上就是普遍的扁平化组织,上下级之间关系相对平等,人际关系普遍较为亲密、轻松,大家都享有权利并独自承担相应的责任。

(2)内群体—外群体

关于个体主义与集体主义的概念,人们经常自动把集体主义与"愿意合作"、"有团队精神"等字眼联系起来。这样的自动联系自然有它的道理,但在讨论个体主义、集体主义这个概念的时候,一定要引进另一个重要的概念,那就是"内群体"

---

① 〔美〕马尔科姆·沃纳、帕特·乔恩特主编,郝继涛译:《跨文化管理》,机械工业出版社 2004 年版,第 68—69 页。

与"外群体"。内群体是指与个体有密切关系的群体,如家人、工作团队,在有的情况下,甚至包括同乡、同胞;外群体则是指与自己毫无关系的人的总和,如其他公司的人、外国人或完全的陌生人。当然,内外群体的边界非常弹性,随时间、地点、场合而变。①

在对内、外群体的区分上,个体主义社会与群体主义社会有非常显著的差别。一般而言,个体主义社会不强调内外之分,常常对所有人一视同仁,没有太多厚薄之分。集体主义社会对内外群体严格区分,"内外有别",内则亲,外则疏,不可同日而语。他们常常称"内群体"成员"自己人"。当集体主义者与"自己人"共事时,他们慷慨大方,乐于合作,情愿自己吃亏也不愿他人难受。在与内群体成员谈生意时,也是多从合作的角度出发而不是竞争。

比如,集体主义者在对待个人隐私上也表现出内外有别。越是亲近的人,越不应该有隐私,因为对他们来说,人类关系的理想状态是我为人人,人人为我;你中有我,我中有你;你我不分,我你合一;我想你所想,你急我所急。因此,内群体成员之间不该有隐私存在。在中国,父母拆子女的信件是常事,不被邀请擅自登门拜访朋友的事也时有发生。集体主义者认为

---

① Barney,"J1 Firm Resources and Sustained Competitive Advantage", *Journal of Management*,1991, 17 (1):99.

自己有责任关心内群体成员的事宜,分享彼此的快乐和痛苦,甚至有为他们作决定的权力。在中国,亲近的人之间不必说"谢谢",因为这样说就太"见外"了。在这一点上,个体主义者正好相反,他们认为没必要通过关注他人的需求,或为他人做好事来完善自我形象。如果他们帮助别人,那是因为他们喜欢这么做,他们认为这样做正确,或者这样做使他们对自己感觉良好。与此同时,他们也将别人看成是具有独立自我的个体,需要独立的空间,而不欢迎他人入侵。因此,他们尊重别人的隐私,甚至对很亲近的人亦如此。①

在对待陌生人的态度上,个体主义者与集体主义者更是大相径庭。外群体成员的看法对集体主义者的互赖自我没有重要意义,所以,他们在对待与己无关的群体或个人时可以相当冷漠,不合作,有时甚至无情。"各人自扫门前雪,莫管他人瓦上霜"表达的就是这个意思,这里的他人当然指的是与己无关之人。毛泽东时代曾提倡"对同志要像春天般温暖",而对敌人则要像"严冬一样残酷无情",就是内外有别的典型体现。而法国作家维克多·雨果在《悲惨世界》中描述的主人翁冉·阿让在偷了神父的银器被抓获后,神父不仅没有惩罚他,而且把银器送给他让他带走的举止,使冉·阿让良心发现,从此走上拯救别人(芳汀和女儿珂赛特)的"不归路",这是人道主义、

---

① 陈晓萍:《跨文化管理》,清华大学出版社 2005 年版,第 56—59 页。

"不分阶级,不分敌我"的个体主义对内、外群体态度的最极端体现。

(3)关系特定—关系散漫①

关系特定—关系散漫维度可以用来很好地描述和解释在不同文化中生活的人在人际交往方式上的巨大差别。我们提出了两类交往方式(图5-2),一类被称为G类方式(即特定关系类型,以德国为例),另一类被称为C类方式(即散漫关系类型,以中国为例)。

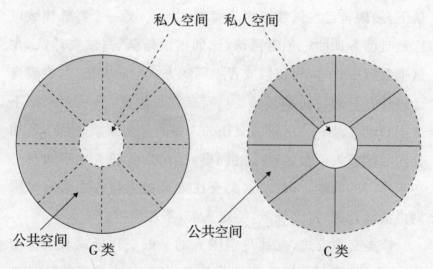

图5-2 C类交往方式和G类交往方式

G类交往方式,就是德国人的一般人际交往模式。德国人的公共空间很大,他们对人友善,愿意帮助陌生人,在路上

---

① 陈晓萍:《跨文化管理》,清华大学出版社2005年版,第73—78页。

行走见到陌生人也会微笑、致意、说"Hi"。有一点交往后,他们会带你去他们的家里做客,如果你需要喝饮料,他们可能会让你自己去冰箱拿。如果你下班需要搭车回家,他们会主动提出帮助,让你坐进他们的汽车送你到家门口。对他们来说,房子的客厅、厨房、书房等都是公共空间,冰箱也是,汽车也是,可以对任何人开放。同时,他们有与人交往的特殊领域,而且领域与领域之间有严格的界限。一个典型的特殊领域是人的工作领域,他们与这个领域中有关的人交往,上级、同事、属下,展现自己在该领域中的面貌和特点;另一个特殊领域可能是自己参加的一个俱乐部,比如摇滚乐队、高尔夫球队,在这个领域中,个体用相似或者不同的方式与队友交往,表现自己另外方面的特长和风格。① 但有意思的是,一般大家都不会把自己在某一特定领域交往的人带入其他领域,所以,参加社区活动的人不会是自己的同事,摇滚乐队的人也不知自己在工作中的表现。因此,这类交往方式把人与人之间的界限划得清清楚楚,特定领域,特定人群,不加混淆。

C 类交往方式,也就是中国人的一般交往模式。这种交往方式的特点是:(1)即使是公共空间,一般人也不能轻易进入;(2)公共空间要狭窄很多,许多在 G 类文化中被看成公共

① U. Zander and B. Kogut, "Knowledge of the firm and the evolutionary theory of the multinational corporation", *Journal of International Business Studies*, 1993,24(4):625—645.

空间的地方如书房、冰箱或汽车在这儿被视为私人空间;(3)私人空间相对要大,不封闭,说明已经进入公共空间的人要进入该个体的私人空间相对比较容易;(4)生活的不同领域之间的界限不是绝对分明,而是互相渗透。在此类文化中,一般人不会对陌生人微笑,只有对熟识的人才会做出友好的表示,只有对更熟识的人才会邀请他们来自己的家做客。但如果你被邀请做客了,你就很可能被介绍给该人其他的朋友,被带入此人其他的社交圈,从而慢慢被引进该人的私人空间。他会开始跟你谈一些比较隐私的话题,谈自己工作或生活中的一些感受以及对他人的看法,等等。

如果我们用房屋建筑来作一个比喻,德国的房子大都有一个院子,但院子没有围墙,完全敞开,似乎随便什么陌生人都可轻易进入。房子里面通常有很多不同的房间,客厅、餐厅、厨房和书房通常被看做公共空间,随进随出,但所有的卧室都带锁,一般未经许可不能进入,因为那是私人空间。表面上看来随意可进的房子,里面却有很大一部分是不能进入的。再看中国比较老式的庭院,院外都有一堵高高的围墙,门口则有人把守(门房),别人要进入院子很不容易。但是一旦进去了,却会发现里面没什么警戒,很容易去不同的房间。① 衍生到其他的建筑,也有类似特征。比如中国的高校,四周都有围

---

① 陈晓萍:《跨文化管理》,清华大学出版社 2005 年版,第 101—102 页。

墙,只有几个大门开着,门口还站着警卫检查证件。但走过这一关,要进不同的大楼就相对容易了。

对这些思维特点的了解在管理中有重要的指导意义。在特定关系导向的文化中,人们认为管理是帮助企业实现目标的重要过程,是一种技术。因此,首先要为员工制定明确的目标;其次,目标实现了就应该有报酬,所以得制定清晰的报酬与目标之间的换算关系;第三,对所有的工作都应有清晰的、精确的和详尽的指令,倘若含糊,他们会不知所措;第四,管理一定是对事不对人,清楚地将对个人的评价和对业绩的评价彼此分离;第五,工作中的人与人的关系比较冷淡,只专注工作,个人性格特征应该不影响工作中的合作。①

在散漫关系导向的文化中,人们更倾向于认为管理是一门艺术,需要在实践过程中不断修正和改善,没有一成不变的管理合同。此外,人与人之间在工作中有联系,在工作之外也应继续保持联系。在判断人的时候,也不仅仅只凭工作表现,而会对这个人各方面的特点、性格、人际关系能力进行综合评价,很难将工作业绩与其他东西分离开对待。同时,在下达工作指令时,不必太精确和周到,有些管理人员还愿意特意给出不明确和模糊的指令,给员工空间去尝试自己的理解和操作,

---

① 赵曙明、杨忠编著:《国际企业:跨文化管理》,南京大学出版社 1994 年版。

让员工去锻炼自己的解读判断能力。太过细节和繁琐的指令会被看成约束人的主观能动性。

3. 人的活动导向

人的活动导向主要说明和解释不同人群在活动时倾向于主动或被动,注重全局或局部,注重原则性或灵活性等。

（1）主动—被动

主动—被动主要说明一个文化中的个体是否倾向于行动。比如,西欧社会是一个相当强调行动的社会,人必须不断地做事,不断地处在动之中才有意义,才创造价值。不仅如此,行动还要求高效。① 在中国社会里,安然耐心被视为美德之一,当然并不等于无所事事。有时候,中国人讲究"以静制动"、"以不变应万变",强调无为而治。所以,当西欧人发现问题的时候,总是倾向于立即找出解决方法,然后实施;而东方人有时候会选择静观,让时间和外界环境自然成熟,再抓时机去把问题解决掉,可是这样的智慧则很难被西欧人接受。

（2）全局—局部

全局—局部主要说明一个文化中的群体是否有全局意识

---

① 赵曙明、杨忠编著:《国际企业:跨文化管理》,南京大学出版社 1994 年版,第 45 页。

和整体观念。中国人相当强调全局意识和整体观念,人们思考问题和处理问题往往习惯于从全局的角度出发,考虑整体的利益,然后才能考虑局部,将局部置于整体和全局的框架下来思考。在中国人的意识里,社会是一个大的系统,而每一个部分在作为整体的构成要素的同时其本身也是一个系统,因此应该有整体思考的意识和全局观念。如果一个人缺乏全局观和大局观,那么他将很难在社会上有大的作为,甚至会受到道德的谴责,四处碰壁。西方社会更注重局部而较少考虑整体,他们的观念是,局部虽然也是整体的构成部分,但毕竟是独立的个体,安排好自己并做好自己所应该做的就是对整体和全局的贡献了,不需要任何事都从整体出发来考虑。例如,某件事出了问题,他们会立刻在这件事本身上找原因、下工夫,而不会考虑是不是跟这件事有关的其他环节出了问题。

中医和西医的区别最能说明分别以中国和西欧为代表的社会思维方式的差别。中医讲求整体调理,将人看成一个有机系统而从整体思考的角度寻找病根,讲究辨证施治。"头痛医头、脚痛医脚"往往是对一个蹩脚中医的描述。西医却截然不同,西医讲求局部治疗,"头痛医头、脚痛医脚"正是对他们的真实写照。他们只考虑出了问题的部位而几乎不考虑其他部分,更不考虑作为一个整体的个人。

(3)原则性—灵活性①

原则性和灵活性对应普遍主义者和特殊主义者,普遍主义者一般原则性强,而特殊主义者一般更注重灵活性。普遍主义者强调用法律和规章指导行为,而且这些指导原则不应因人而异。"法律面前人人平等"就是普遍主义者的响亮口号。此外,普遍主义者认为对所有事务都应采取客观的态度,而且世界上只存在一个真理,只存在一种正确解决问题的方法。相反,特殊主义者却强调"具体问题具体分析",不用同一杆秤、同一尺度去解决不同情况下的问题,而应因人而异、因地而异。另外,特殊主义者认为一切都是相对的,世间没有绝对真理,也不存在唯一正确的方法,而是有多条路可走,殊途同归。在说明这个概念时,一个用得最多、最广的例子就是"开车误撞行人"的情境。

在企业管理方面,普遍主义社会与特殊主义社会表现出来的区别也是明显的。在普遍主义社会中,管理强调建立制度和系统,同时制度和系统应该是能为大多数人服务并满足大多数人要求的。制度一旦建立,人人都须遵守,对所有人都一视同仁,没有人可以凌驾于制度之上。西欧是强调普遍主义的国家,几乎所有企业都有详细的规章制度和各种内部管

---

① 详细探讨参见［美］威廉·大内著、朱雁斌等译:《Z理论》,机械工业出版社2007年版。

理系统。当个案发生时,马上就会想到如果今后类似的情况出现应该怎么应对,怎样的解决方案才有普遍的意义,怎么处理才是对所有人都公平的,等等。这成为管理者的一种思维方式。

特殊主义社会的管理特点则是"人治"。制度虽有,却大都停留在纸面上。遇到问题的时候,企业中的管理人员也好,员工也好,常常想到的是怎么通过关系或熟人把问题解决,而不是通过公司正规的渠道。因此,建立个人关系网就成为很多人孜孜不倦的工作。与从个案走向普遍的思维逻辑相反,特殊主义者的思维方式更倾向如何从普遍中找出特殊,将自己的问题作为特殊情况处理。特殊待遇成为大众追求的东西。"上有政策,下有对策"就是从制度中找漏洞将自己特殊化的典型例子。普遍主义者与特殊主义者的另一差别是,普遍主义的产物显然是"机械"、"死板"、不善于随机应变;而特殊主义者则要灵活,愿意按具体的情形调整自己的标准和行为,愿意从特殊性出发去处理问题。①

普遍主义思维之下很容易产生我们现在非常提倡的"敬业"精神。所谓敬业,就是对自己从事的职业忠实、专业,不因人而异。比如,一个敬业的医生就应该对所有的病人态度友

---

① 〔英〕弗恩斯·特朗皮纳斯、彼得·伍尔莱姆斯著,陈永倬译:《跨文化企业》,经济管理出版社 2007 年版,第 57—62 页。

善,耐心询问病情,认真倾听病人的陈述和问题,然后做出诊断,开出合适的药方。而不是对熟人态度友好,用药讲究,对陌生人就不耐烦,草草了事,随便开药。再比如教师就应该对所有的学生用同样的标准衡量,批改作业和考卷,然后给出分数;而不是对与自己有交往的学生、自己指导的学生特别宽松,面对没有交往的学生,或对其他教授指导的学生就特别严格。

在企业管理中,一个敬业的管理人员就应该对所有下属都一视同仁,不分亲疏,用同样的招聘指标、考绩指标去评价所有的人。中国社会之所以还没有形成这里定义的敬业精神,恐怕与文化深层的"特殊主义"不无关系。

4. 时间观念导向

不同人群有着不同的时间观念导向,具体体现在对时间的尊重程度、对时间线性或非线性的看法以及长远导向或近期导向等。在不同的时间观念导向下,人们思考问题、处理事情的方式呈现出截然不同的状态。

(1)对时间的尊重

有的人群对时间的珍惜甚至达到了苛刻的程度,如美国。他们的口号是"时间就是金钱"、"时间就是生命",因此,他们一方面十分守时,不愿浪费别人的时间;另一方面也十分珍惜时间,要求在单位时间内创造最大的效益。而有的社会中,时间观念却比较淡薄,如中国。中国人自古以来就崇尚怡然自得的慢节奏生活,主张"慢工出细活",什么都精雕细琢,不讲时间,没有充分利用时间的意识。同时,他们也不认为守时是一个必须遵守的准则,开会或聚会迟到半小时被认为是再正常不过的事。这样一来,不同社会的人群对时间的尊重程度就比较显而易见了。

(2)线性—非线性

线性和非线性主要是针对时间的利用,即时间是线性的,应在一个时间做一件事;还是时间是非线性的,在同一个时间里可以做多件事。

德国人倾向于把时间看成线性的,一个时间内做一件事,做完一件事后再做另一件事,一个约会完了之后紧跟下一个约会,每一个约会在事先规定的时间内完成。比如我去看医生,约的时候我告诉他们是我觉得胃不舒服,可是到那天去看病时,我突然觉得嗓子也不舒服,要医生帮我看一下嗓子。德国医生就会要我再约一个时间回来看嗓子,因为下一个病人在等他,他得按时间表做事。对我来说,我觉得他的行为不可理喻,难道我这个病人还没有他的时间表重要? 而且我已经在这里了,为什么还要我再跑一趟?

相反,中国人则把时间看成是非线性的,一个时间内可以做多件事,不必按部就班、有板有眼地按时间表行动,而必须随机应变根据当时的情况及时调整时间安排,不让自己成为时间表的奴隶。

(3)长远—近期导向①

　　长远—近期导向主要说明一个人群是着眼于现在还是放眼于未来，是看中长期回报还是看中短期回报。看中长期回报，强调的是在世界上要过上一种品德高尚的生活，主要的美德是节俭和百折不挠；而看中短期回报的则着重直接的思维观，即直接面对问题的要点，他们在做生意的时候会直接谈论关于生意的话题，如可以接受的底线以及其他想要的东西，而不会为了促成生意花时间在建立关系上。同时，人们把利润看成是最重要的，而不是忠诚。霍夫斯泰德将经济起飞看成一个文化现象，他发现亚洲"四小龙"有一个共同的特点，那就是对传统的重视，而且有凡事都想到未来的倾向，而非只想当前，做一锤子买卖。这种长期导向与国家经济发展速度之间的相关系数达 0.7 之高，也就是说，在他所调查的二十几个国家中，长期导向这一条解释了经济发展将近50％的变异量。

　　中国人思维和行动的长期导向是我们大家都不知不觉的，比如，如果是外商来中国谈判，一般都不会在第一次会议上就详谈生意细节，总是先要带对方参观一下工厂或公司，宴请对方，或请对方游山玩水，参与休闲社交活动，然后，到最后一两天才正式比较严肃地进入正题谈生意。为什么这么做

---

　　① 陈晓萍：《跨文化管理》，清华大学出版社 2005 年版，第 41—43 页。

呢？因为我们想了解对方派来的那个人和那个公司的底细，是否值得信任。为什么要了解这些呢？因为我们下意识里想的就是与该公司或该代表未来的长期合作，而不是做完这桩眼前的生意就完事了。西欧商人常常对此不解，因为他们是短期导向的文化，有把所有生意都看成一锤子买卖的倾向，所以，觉得介入那些与生意没有直接关系的活动纯粹是浪费时间，有时甚至认为是中国人玩的花样，让他们上当，使他们在所剩无几的时间里必须被迫做出决策，进而做出让步。

5. 事业—生活导向

事业—生活导向的维度主要揭示人们在个人成就和生活质量、工作和家庭、物质追求和精神追求之间的选择。这些不同的选择决定了他们不同的态度和行为。

(1)个人成就—生活质量[①]

个人成就—生活质量主要用以揭示人们追求物质成就还是强调人际和谐。在强调事业成功的国家里，社会竞争意识强烈，自信、有野心、取得成就及物质占有都是非常重要的，经济增长被认为很重要，成功被定义为财富和赞誉。在学校里，孩子们受到鼓励立志从事适合自己的职业，成为高尚的成功

---

① 关于个人成就与生活质量这一维度的详细探讨参见陈晓萍：《跨文化管理》，清华大学出版社 2005 年版，第 79—81 页。

者,所以在长大以后会有更多更好的机会。这种文化促成了大型企业的形成,管理者的作用是保证最低的利润数额以使股东满意,其理想是领导、独立、自我实现。因此,他们的管理方式更注重任务的完成,而非培养社会关系,激励方式也是以赚得的钱和物质的多少为基础,而不以生活质量为基础,强调"活着是为了工作"。而在强调生活质量的国家中,生活质量、环境以及其它成就以外的事情被认为是更有价值的,如人们更看重工作性质和满意度,希望能有更多的时间休息而不是更多的金钱,认为"工作是为了生活"。

(2)工作—家庭

有的社会,如在西欧社会,工作经常是比家庭更重要的因素,只有有了好的工作,个人的成功才能得以体现,家庭幸福才有可能实现。同时,工作意味着个人对国家和社会的贡献,是个人的责任。工作占据着一个人生活的绝大部分,一个人可以没有家庭,但他绝对不能没有工作。而在有的社会,如中国,家庭却比工作更重要,因为在他们看来,家庭幸福是第一位的,亲情是一个人最重要的东西,工作就是为了更好地享受生活服务的,只是一种谋生和提高生活质量的手段而已。

(3)物质追求—精神追求

这一维度主要揭示人们更注重物质享受或更注重精神追求。在有的社会,人们的物欲普遍很强,一切行动的动力就是物质享乐,追求感官刺激,基本上没有什么信仰,缺少精神生活,也没有精神的追求或缺少精神追求。而在有的社会尤其是在宗教比较发达的社会,精神追求比物质享受更重要,人们普遍有一种强烈的信仰,精神生活丰富,物质享乐有节制、不泛滥。精神追求引导人们过一种更高层次、更健康的生活,而不是仅仅追求物质和感官的刺激。

6. 性情导向

性情导向主要涉及人们思考和处事时乐观或悲观、与人交往时内敛或外露、处理问题时理性或感性的倾向,即使面临同样的情况和问题,不同导向的人群也因此具有鲜明不同的态度和行为。

(1)乐观—悲观

乐观—悲观这一维度主要涉及不同的人群在面对某种境况时的心态和情绪。在有的社会中人们普遍比较乐观,凡事都能看到积极的一面和有利因素,因此他们总是能快乐、对未来充满信心,总能在绝境中看到希望,在逆境中找到动力。而在有的社会中人们的悲观情绪比较普遍,凡事看不到积极的一方面而只看到消极的一方面,看不到有利于自己的因素而往往首先看到的是对自己不利的因素,因此他们总是怨天尤人,对未来忧心忡忡,缺乏希望,即使在顺境中也难以看到美好的未来,即使境况并不糟糕也会令他们充满恐惧。最典型的例子就是在沙漠中对剩下的半瓶水的看法,乐观的人看到的是"不错,还有半瓶水呢",而悲观的人看到的是"天哪,只剩半瓶水了"。事实上,正是因为乐观者和悲观者对即使同样的事情看法也大相径庭,才导致他们的行为截然不同。

同时,乐观的人往往比较富有创新谨慎,而悲观者则更倾向于保守。保守或创新首先表现在一个民族或国家对历史和未来的态度,是注重过去、现在还是未来。我们都知道中国文化是比较保守的,它关注过去和现在,而较少注重未来;美国文化则是典型的创新文化,它则很少关注过去,基本着眼现在和未来。保守或创新常常集中表现在一个国家或民族对维持现有秩序和创造新的秩序的态度上。保守的民族和国家往往非常珍惜自己已有的秩序,有时甚至达到了因循守旧的程度,即使现状已经很不好也不愿意进行改变。社会也不鼓励发明创造,创新行为和成果经常被当作标新立异来对待,"枪打出头鸟",因此大家都安分守己,不做那些非常规的事,也不想有新的创造和发明,整个社会发展进步缓慢,但比较稳定。而具有创新精神的国家和民族往往不局限于甚至不满足于自己已有的秩序,有时甚至充满着强烈的改变现状的欲望和冲动,即使现状还过得去也绝不满足。整个社会鼓励发明创造,充满着创新精神,创新人才被社会当作英雄极力推崇,每个人都有创新的动力和积极性,社会变革很快,虽然相对缺乏稳定但发展进步十分迅速。

（2）内敛—外露

内敛—外露维度是又一个能帮助我们区分文化差异的重要方面。这个维度主要指人际交往中情绪外露的程度。情绪表露含蓄微弱的文化被称为内敛文化，而情绪表露鲜明夸张的文化被称为外露文化。最典型的内敛文化国家为中国和其他亚洲国家，最典型的外露文化国家为意大利、西班牙和其他南美国家。[①] 在内敛文化里，人与人之间很少有身体的接触，人与人之间的沟通和交流也比较微妙，因为情绪表露很少，需要用心领会才行；相反，在外露文化里，人与人之间身体的接触比较公开自然，沟通交流时表情丰富，用词夸张，充满肢体语言。

法国文化也是比较外露的文化之一，朋友之间说话距离站得很近，手势也多，而且表情丰富。在内敛文化中，人们一般会避免情绪激昂的行为，情绪外露的人常被看成是不稳重、不成熟、缺乏自我控制能力，有时甚至不可靠。这样的人要当领导一般没什么希望。相反，老成持重、含而不露、喜怒不形于色才是值得敬佩的境界。在这样的文化中，城府深的人显得有涵养，容易受到器重和赏识。同时，因为大家都含蓄，不轻易流露感情，所以人们对别人的表情变化就特别敏感，一点

---

① 赵曙明、杨忠编著：《国际企业：跨文化管理》，南京大学出版社 1994 年版，第 55—56 页。

点脸部肌肉运动就会引起注意,一个小小的手势就会打破整个会议的气氛。人们察言观色的能力比较强,控制情绪的能力也比较强,有许多人是表面静如止水,而内心波涛汹涌,一旦发泄起来,就会比较强烈。[①]

在外露文化中,情绪外露是自然的,而且是强调自己的观点的一个重要手段。不表露感情被看成冷血,而且无趣。激情是热爱生活的表现,是生命活力的显示。意大利人把激情看成是生命的最高境界,对艺术的激情,表现在他们的绘画、歌剧,甚至时装设计之中;对食物的激情,表现在他们自家酿制的葡萄酒里,自己做的各种面食、空心粉、比萨饼里,每一种都用红色的番茄酱和陈年的奶酪做调料;对爱的激情,对人的激情,表现在他们日常生活的语言里、举止中和充满夸张的表情里。

(3)感性—理性

感性或理性表现出一个群体或社会整体的办事方式和行为风格。感性的群体总是满怀激情,大多数时候都是跟着感觉走,任由自己的感情和喜好决定自己的行为而基本不会考虑行为本身的理由或适当性。遇到事情的时候,他们总会倾向于依靠个人的主观感觉去处理,融入了较强的个人感情色

① [英]弗恩斯·特朗皮纳斯、彼得·伍尔莱姆斯著,陈永倬译:《跨文化企业》,经济管理出版社 2007 年版。

彩,个人感觉相对占主导地位。而理性群体或社会中的人群往往以理性处世,遇事冷静,理性观念相对较强。他们不允许或尽量避免让感情左右自己的思维,不让个人情感而是由理性思考决定自己的行为,做事之前总要充分考虑事情的理由、正当性、可行性、适当性甚至步骤等,对任何事都喜欢周密思考和细致安排,行为有板有眼、一丝不苟,遇到突发事件往往也能临危不惧,个人感情、好恶、情绪等总是被抑制。当然,感性和理性之间并没有不可逾越的鸿沟,这两者是很难绝对分开的,将不同的群体和社会分为感性和理性只是相对而言的。另外,一个群体或社会被认为是理性的(如德国)也并不意味着该群体中所有人都理性,反之亦然。事实上,这其实是指一种总体情况综合特征,在统计上呈现正态分布。也就是说,总体呈现正态分布且大多数个体更倾向于理性的群体就被认为是理性群体;反之,总体呈现正态分布且大多数个体更倾向于感性的群体则被认为是感性群体。

三、中国和西欧企业文化的
文化导向差异

中国和西欧企业文化在文化导向的各个维度上有着显著的差异,这些差异有些很明显,有些则比较隐蔽。然而,这些基本差异都可以通过文化导向的六大基本维度得以清晰地表现出来。

1. 个体与集体差异

在个体与集体差异维度上,中国企业文化强调集体主义,认为员工应该为了集体(企业)而奋斗,强调个人服从集体,只有集体发展了,个人才能发展。"皮之不存,毛之焉附。"所以,在中国的企业里,由集体来决定资源的配置,对于个人来说往往存在风险,集体的决策与自己的偏好不一定合拍,因此,纪律成为深刻的道德准绳;而西欧企业则强调个人主义,认为员工应该为了自己努力工作,企业因此得以发展只是一个附带的、自然而然的结果而已。

具体而言,中国企业重视集体成就和利益,认为集体利益当然比个人利益重要,员工只有一心一意为企业作贡献让企业获得了发展,才能得到个人利益,如果企业无法获得发展,作为员工的个人即使获得成就也不会获得认可。当员工个人与作为集体的企业利益发生冲突时,员工理所应当"识大体、顾大局",牺牲个人利益,保全企业利益。西欧企业则更尊重员工个人的利益,对他们来说,员工利益当然比企业利益更重要。在法律允许的范围内追求员工个人利益不仅合理,而且提倡。每个人在追求个人利益最大化的同时,能够实现群体(企业)利益的最大化。而西欧个人主义的文化传统更是为追求员工个人利益提供了理论依据,使追求个人利益者理直气壮。当员工个体利益与企业集体利益发生冲突的时候,首先考虑的是如何保全正当的员工个人利益,然后才是企业的集体利益。

同时,在中国企业中,由于群体压力①,从众现象②比较显著,从而导致趋同化。员工会尽最大可能与企业保持一致,不随便发表自己的看法,其结果是企业往往容易达成受到"一致拥护"或"一致同意"的决策;而在西欧企业中,员工受到的群体压力相对较小,员工没有从众的压力和顾虑,从而更敢于发表自己的意见,企业的决策总会遭到大大小小的不同意见。但往往正是这些反对意见,却促使企业改进或放弃了许多错误决策,避免了许多决策失败和经营挫折。此外,中国的企业更注重团体合作精神,而西欧企业往往更容易出现个人奋斗成功的案例。然而,现在西欧企业也开始注重强调团队精神并鼓励员工参与团队合作,所以这方面的区别已不再那么明显。

---

①　所谓群体压力,实际上是指个体的一种心理感受,不同的个体在同一群体里感受到的心理压力是不同的。见孙彤主编:《组织行为学》,高等教育出版社2000年版,第151页。

②　在群体压力下,个体会产生与群体保持一致的倾向,即表现出某种从众行为,这就是从众现象。参见孙彤主编:《组织行为学》,高等教育出版社2000年版,第151页。

2. 人际关系差异

在中国的企业里权力集中,领导不善授权,上下级之间有明显的等级秩序,下级员工的自主决策权很少甚至完全没有;而西欧企业权力则相对分散,领导善于授权,上下级之间等级秩序不明显,下级乃至基层员工都有在自己职权范围内的自主决策权。每个人哪怕最基层员工都可以凭借自己的专业知识发表对某项决策的看法和意见而且很容易被接受。权力分散使企业内不只有一个权力中心,从而避免了专权的可能。这就是为什么在西欧企业中"网络型组织"①能得以发展。

中国和西欧企业文化在人际关系维度上的另一个导向差异就是对于内群体和外群体的区分。所谓内群体就是指与个体有密切关系的群体,如工作中的团队;外群体则是指与自己毫无关系的人的总和,如其他公司的人、外国人或完全的陌生人。当然,内外群体的边界非常弹性,随时间、地点、场合而

---

① 所谓网络型组织结构,是利用现代信息技术手段从而适应与发展起来的一种新型的组织机构,是目前正在流行的一种新形式的组织设计。它以契约关系的建立和维持为基础,依靠外部机构进行制造、销售或进行其他重要业务经营活动。

网络型组织结构极大地促进了企业经济效益实现质的飞跃:一是降低管理成本,提高管理效益;二是实现了企业全世界范围内供应链与销售环节的整合;三是简化了机构和管理层次,实现了企业充分授权式的管理。其缺点是网络型组织结构比较依赖科技与外部环境的支持。

变。中国的企业一般对内、外群体区分得较清楚,讲求"内外有别",对"自己人"表现得态度友好、信任,乐于合作,而对于"外人"则不那么友好并抱有戒心,甚至还有不合作的态度;而西欧企业一般没有内、外群体的划分,对所有人一视同仁,无论公司内部还是外部,也无论团体之内还是之外,他们都能给予同等的信任和友好态度并与之合作。

在人际关系维度上的另一重要区别在于,中国与西欧企业内部人员的交往方式有显著差异。中国企业的员工一般都会给自己划定一个较大的私人空间,对陌生人往往存有戒心,一般人很难进入其私人生活。然而,一旦进入其生活,却很容易从其生活的公共空间进入私人空间,受到信任。同时,不同类型的朋友也会被相互介绍并认识,没有严格的区分。西欧企业的员工却相反,私人空间较小,对陌生人也很热情,任何人都很容易与之熟悉并交往。但是,如果想进入其私人空间却非常难,这个私人空间对他们来说是一个特殊领域,一般人很难进去。同时,不同类型、场合的朋友被区分得很清楚,不同时间、地点、场合与不同朋友在一起,他们很少或不会被介绍相互认识,本公司的同事也很少会被介绍给其他领域的朋友。

3. 人的活动差异

中国和西欧企业文化在人的活动维度上的主要差异主要体现在活动的积极程度、全局观念、原则性及灵活性等方面。

中国的企业文化崇尚静态取向,强调以静制动,无为而治。当出现什么问题时,企业不会马上采取行动而是希望静待时机成熟再采取行动加以解决;而西欧企业强调行动,要求员工加快工作节奏,总是处于行动之中,不断创造价值。发生什么事的时候,企业会在第一时间迅速做出反应,积极想办法加以解决。他们还热衷于建立企业应急防范体系和安全预警机制,目的就是积极采取行动预防危机。

此外,受民族文化的深刻影响,中国企业强调全局观念,要求企业员工在工作中务必保持全局观念和集体意识,一切从企业整体利益出发,但在实际工作中又注重做事的灵活性,崇尚具体情况具体分析,不过分拘泥于企业已有的规章制度。而西欧企业受个人主义文化的强烈影响,企业文化强调从个人角度出发,以局部为主要出发点来考虑和处理工作中的各种问题。在实际工作中十分讲求原则性,一切按照公司的规章制度办,不能因人而异,更不能随意变更。

4. 时间观念差异

与中国企业文化相比,西欧企业文化十分尊重和珍惜时间,因为"时间就是金钱",他们推崇做事高效、快捷,按时上下班,按时完成工作和任务,准时赴约。他们对时间的珍惜有时甚至达到了苛刻的程度,不能容忍浪费时间的行为。他们不能容忍别人浪费自己的时间,也不愿自己浪费别人的时间。

总之一句话，西欧企业文化十分强调时间观念，这与中国企业文化相对淡薄的时间意识形成对比。

在崇尚灵活性、机动性的企业文化影响下，中国企业将时间看成是非线性的、多维的，在同一时间内可以同时干多种事情，办事也不一定完全按照时间先后，而是可以酌情变通，灵活处理；而西欧企业则不同，他们将时间看成是线性的，一段时间内只能处理一件事情，并且先后顺序也不能打乱，不能有变通和特殊处理。

5. 事业—生活差异

在事业—生活偏向这一维度上，中国和西欧企业文化的差异尤其明显。中国企业文化崇尚将家庭和生活放在第一位，家庭对于中国人的重要性显然毋庸置疑，为了家庭和生活许多人甚至可以毫不犹豫地放弃工作和事业。企业也希望员工在努力工作的同时，注重自身的生活质量，因为归根结底，工作是为了生活，努力工作是为了让生活变更得更好。家庭的地位显然很高，对他们而言，家庭幸福比工作成绩突出更能引起自己的幸福感、安全感和满足感，家庭才是自己最终的港湾。同时，精神追求也比物质享受更重要，对精神的需求促使他们努力追求属于自己的精神家园。[①]　所以中国企业文化中

---

①　马春光:《国际企业跨文化管理》，对外经济贸易大学出版社 2004 年版，第 98—99 页。

往往包含着至关重要的精神追求和精神激励的因素。

然而,西欧企业文化对事业和工作的重视程度显然超过了中国企业文化,西欧企业注重员工的个人成就从而提高企业的业绩,竞争意识强烈,进取心强。对于家庭和工作,他们会认为工作比家庭更重要,只有有了好的工作,个人的成就才能得以体现,家庭幸福才有可能得以实现。同时,工作意味着个人对国家和社会的贡献,是个人的责任。物质生活比精神生活更重要,更能满足员工的需求并对员工起到激励和刺激作用。

6. 性情差异

在性情导向维度,中国和西欧企业文化的差异主要体现在乐观与悲观、内敛与外露、感性与理性,以及保守与创新等方面。具体而言,受儒家文化影响的中国企业文化较悲观,注重内敛,充满感性,同时也更保守。中国企业在处理问题时往往从比较糟糕的角度考虑问题;员工交往时人与人之间很少身体的接触,相互之间的沟通和交流也比较微妙,因为情绪表露很少,需要用心领会才行;遇到事情的时候,任由自己的感情和喜好决定自己的行为而基本不会考虑行为本身的理由或适当性,总会倾向于依靠个人的主观感觉去处理,融入了较强的个人感情色彩,个人感觉相对占主导地位;同时,中国企业更关注它的过去和现在,而较少注重未来。并不十分注重和鼓励发明创造,创新行为和成果经常被当作标新立异来对待,员工都安分守己,不做那些非常规的事,也不想有新的创造和发明,企业比较稳定但发展缓慢。

相对中国企业文化而言,受西方文化深刻影响的西欧企业文化则比较乐观,富于理性,充满外露色彩,也更加注重创新。企业往往不满足现状,鼓励打破常规和现有秩序,提倡发明创造,充满创新精神。在企业中,员工之间交往比较直接、外露和奔放,相互之间身体的接触比较公开自然,沟通交流时表情丰富,用词夸张,充满肢体语言。员工也普遍比较乐观,凡事都能看到积极的一面和有利因素,对未来充满信心,总能在绝境中看到希望,在逆境中找到动力。

第六章 中国和西欧企业文化的冲突与融合

　　企业文化是一种观念形态的价值观,是企业长期形成的稳定的文化观念和历史传统以及特有的经营精神和风格,它包括一个企业独特的指导思想、发展战略、经营哲学、价值观念、道德规范、风俗习惯等。[①] 随着世界经济一体化和企业跨国经营大趋势的到来,各个不同民族、不同文化之间的矛盾和冲突所带来的经营困难也日益凸现。企业内部来自不同文化背景的员工在决策时有不同的价值取向,从而产生沟通上的障碍;企业外部面对不同文化背景的市场,企业原有的传播、沟通的价值只有被这个市场所认同时,才能在这个市场上生存下去。

　　21 世纪是一个充满机遇与挑战的世纪,是人类社会向更高层次发展的重要时期。经济全球化的加速发展以及跨国公司的的巨大作用都将会给世界经济及人类生活带来深刻的变化。企业在全球范围内利用资源,利用跨文化优势,展开跨国经营,在全球范围内实现优势互补。跨国经营必然带来跨

---

　　① 潘建屯:《论中西哲学视野下的企业文化》,《四川经济管理学院学报》2004 年第 4 期,第 53—54 页。

文化管理问题,因此当前面临的首要问题就是如何通过理解文化差异和强化跨文化管理以化解中西企业文化冲突,达到跨文化的参与、融合及协同,促使跨国企业的健康发展,不断提高企业的国际化经营管理水平。

一、中国和西欧企业文化的冲突

经济全球化使世界各国更紧密地联系在一起,各国企业都在努力寻求跨国经营的机会,而企业的生存和发展,必须要适应当地的文化和市场,这使企业文化的融合日益成为企业所关注的焦点,企业不断吸收其他国家企业文化的优点,摈弃自己文化的缺点,形成一种优化的新型企业文化。

1. 企业文化冲突:概念及原因

所谓企业文化冲突,是指不同形态的企业文化或者企业文化要素之间相互对立、相互排斥的过程,它既指跨国企业在他国经营时与东道国的文化观念不同而产生的冲突,又包括了在一个企业内部由于员工分属不同文化背景的国家而引起的冲突。[①]

---

① 事实上,企业文化冲突不单是企业文化之间的冲突,也包括由不同形态的企业文化(即企业文化差异)而导致的企业组织中人群之间的心理和行为对抗。参见周有斌、齐卫国:《论中西企业文化的冲突与融合》,《企业家天地》2008年第 7 期,第 191 页。

企业文化的冲突广泛存在于企业组织之间以及同一企业的不同人群之间,是人们心理活动和行为活动的结果,而人具有主观能动性,因此,企业文化冲突是完全可以控制的。导致企业文化冲突的主要原因是企业文化差异。因为不同的价值观和行为模式往往会导致组织成员之间思想和行动的不一致,从而产生冲突,中国和西欧企业文化的冲突自然也源于此。具体包括种族优越感的差异、以自我为中心的管理、沟通间的误会以及文化态度的差异等。① 不同民族的文化都有其独特性、延续性和非物质性的特点,各个民族间的语言传统和生活方式不尽相同,每个国家都有着与自己政体相适应的文化。根据著名跨文化与管理专家荷兰文化协作研究所所长霍夫斯泰德关于文化差异性四个指标的理论可以分析得知,当国际化经营的企业由一种文化背景进入另一种文化背景中时,会遇到各种各样的陌生的行为和方式,而由此产生的文化差异引发出的文化冲突屡见不鲜,就其根源来说有以下几个方面:②

(1)种族优越感。种族优越感是指认定一种族优越于其他种族,认为自己的文化价值体系比其他文化价值体系优越。如果一位合资企业的管理者以此观点对待东道国的员工同行他的行为,有可能被当地人所忌恨,也可能遭到抵制,这样就

① 周有斌、齐卫国:《论中西企业文化的冲突与融合》,《企业家天地》2008年第7期,第191页。

② 王竹青:《论跨国公司的跨文化管理》,《重庆工学院学报》2002年第4期。

无法正常管理该公司。(2)管理风格不同。中国企业管理协会的一项研究将管理的风格分为专断型、混合型和民主型三种,而那些以自我为中心的管理是属于专断型。管理对世界上大多数人来说是一种艺术而并非一种教条,一个精明的合资企业管理者不仅要具备在本土经营和管理的能力,更应具备在不同文化环境中从事综合管理的能力,如果片面以自我为中心死守教条不知变通势必导致管理上的失败。(3)对于信息理解的差异。不同国家语言不同,文化背景不同,对于同一信息的理解会产生差异,形成沟通误会。沟通是人际或群体之间交流和传递信息的过程,但是由于许多沟通障碍,例如,人们对于时间、空间、事物、友谊、风俗习惯价值观等的不同认识,造成了沟通的难度,导致沟通误会甚至演变为文化冲突。(4)对文化意义符号系统的不同理解。符号是人的意义世界的一部分,它具有功能性的价值。不同的文化采用不同的符号表达不同的意义,或者符号虽然相同表达的意义却迥然不同。(5)不同民族性格及思维模式。传统文化是民族文化的深层积淀,它融入民族性格之中,使各民族表现出不同的个性。民族的责任、个性与人性的冲突往往构成跨文化沟通的困难;思维模式是民族文化的具体表征,例如,中国人偏好形象思维和综合思维,而西欧人偏好抽象思维(逻辑思维)和分析思维;中国人注重统一而西欧人注重对立。西欧人实证主义的思维模式与东方人演绎式的思维模式常常是企业跨文化沟通中构成冲突的原因,使企业管理者不得不予以注意。(6)行为模式。行为模式是民族文化的外显形式,它以固定的结构,在相同相似的场合为人们所采用,成为群体表达认同的直接沟通方式。不同民族文化造成不同的行为模式,在相同的环境中这种不同的行为模式会表现出很大的差异。(7)法律和政策意识。由于对于政治、经济和法律,尤其是社会文化环境缺乏足够的了解,文化敏感性差,合资双方往往依据自身的文化对来自对方的信息作出分析和判断,从而产生文化差异和冲突。不同国家的政治体系有其特殊性质,信奉特殊的价值观,企业产品有时会无意中冒犯某种政治价值观而受到抨击和抵制。(8)价值观念不同。合资企业中的员工来自不同的文化背景,他们对"人与社会"、"人与自然"等关系的看法及评价标准各不相同,即价值观不同,由此产生文化差异。中国与西欧文化在价值观上的差异主要表现在个人主义与集体主义、权力差异两个方面。中国表现为互助,依靠重视集体保住面子,亲密无间,喜好共性,人际和谐;西欧表现为自主独立,突出个人,不留面子,注重隐私,注重个性,个人竞争等。

　　具体而言,导致企业文化冲突的主要原因有以下几个方面:

　　(1)民族性的差异。传统文化是民族文化的深层积淀,它融入民族性格之中,使各民族表现出不同的个性,因而各民族的心理素质与性格、价值观、信仰、习惯乃至生活方式也都具有与其他各民族所不同的特点。在跨文化交际中,人们往往习惯于"自我参照",根据自身文化的个性和价值观念去解释或判断其他一切群体的行为,而产生了对异文化的偏见,导致文化冲突。

(2)思维方式的差异。思维方式是指人们的行为习惯或思维的程序。它是受不同文化、个人知识结构、社会与工作环境及习惯等方面的影响而形成的,不同的思维方式又反过来指导人的行为活动。一般认为,中国人偏好形象思维和综合思维,而西方人偏好抽象思维(逻辑思维)和分析思维;中国人注重"统一",而西方人注重"对立"。西方人实证主义的思维模式与东方人演绎式的思维模式,常常是企业跨文化沟通中构成冲突的原因。

(3)价值观念的差异。价值观念指的是人们对于客观事物的评价标准,它包括财富观念、时间观念、对待生活的态度、对冒险的态度以及对传统文化和现代文明的态度等。同样的事物或问题在不同的国家或不同的人群中会有不同的评价标准。跨国公司的员工来自不同文化的国家,价值观念各不相同,这就带来了企业管理、决策、执行方法的复杂化甚至冲突。

(4)宗教信仰的差异。宗教和信仰是文化中真正能够持久的基质,凝聚着一个民族的历史和文化,并且深深渗透到个人、家庭、社会群体的方方面面。不同的宗教有不同的倾向和禁忌,影响着人们认识事物的方式、行为准则和价值观念。不同的宗教对同一种事物可能有着截然不同的态度,从而导致人们的不同需求偏好和消费模式,是影响跨国经营成败的重要因素。

(5)管理模式的差异。任何企业内部的经营管理都必然受到民族文化的影响,民族文化模式的多样性决定了企业管理模式的多样性。民族文化在其发展过程中,逐步形成了富有特色的文化传统、价值观念和组织观念,这些传统和观念是企业管理模式和行为形成与发展的前提条件。而企业管理模式和行为的发展,又固化了民族文化之间的差异。民族文化的发展和演变是漫长而渐变的过程,不同国家的企业文化差异会长期存在,处于跨国经营企业中的员工由于不同的价值观念、思维方式、行为习惯等的差异,对企业经营目标、市场选择、管理方法、技术创新等问题往往会产生不同的看法,并由此引发企业跨国经营中的文化冲突。

(6)文化距离。一个国家的文化特性决定了人们如何与他人、公司或机构交往。宗教信仰、种族、社会规范以及语言等方面的差异,都可以在两个国家之间产生距离。有些文化因素,如语言,很容易被人们所认识和理解,但还有一些文化因素则不是那么显而易见。社会规范是一个根深蒂固的系统,由指导人们进行日常选择与交往的各种不言而喻的原则所构成,这个系统经常是看不见、摸不着的,即使对于遵守规范的人来说也是如此。这往往造成不同文化背景的人对此理解的差异，从而导致文化冲突。

2. 企业文化冲突的表现形式①

企业文化冲突主要表现为心理对抗和行为对抗。心理层面主要表现为人们对企业文化差异的认知过程和情绪情感反应；而行为层面则主要通过人们的外在行为表现出来，是人们心理活动的外在表现。这时，人们已无法控制因企业文化差异导致的认知失衡感及其伴随的不良情绪情感反应，通过行为把这些认知失衡感和不良情绪情感反应表露出来。

企业文化冲突主要有以下两种表现形式：

（1）主流文化与亚文化的冲突。这种冲突是指企业内部居于正统的、核心地位的企业文化与居于非正统的、非核心的文化之间的冲突。这种冲突可能引起两种结果：一是价值观引起正统与异端、新势力与旧势力之间的冲突和对抗；二是整体与局部因利益、观念或其他原因引起文化摩擦。具体而言，企业内部文化冲突与对立，主要存在以下几种情况：

第一种情况是企业主流文化已经发展到成熟、稳定阶段，具有较强的稳定性和排他性，不过，面对环境的不断变化，这种文化正慢慢失去优势，存在文化变革的巨大力量。与此同

① 王成荣等：《企业文化学》，经济管理出版社 2007 年版，第 130—134 页。

时,可能代表企业未来价值观和行为模式的亚文化却在一步
步发展壮大。在此情况下,亚文化的成长必然要受到主流正
统文化的阻挠和反对。这种文化上的冲突会通过主流文化和
亚文化各自的代言人及其阶层的语言、思想、行为上的交锋表
现出来。

第二种情况是由于企业主要领导者刚愎自用、固执己见,
或者由于企业文化环境发生巨变,企业主流文化已沦落为落
后文化。在此情况下,主流文化必然与代表健康的、积极向上
的、有强大生命力的亚文化发生冲突。主流文化往往企图压
制亚文化,阻止亚文化对主流文化可能的替代。这种企业
文化冲突的控制和解决,一般可以依赖以下方式:一是发生
政变逼迫主要领导人退位;二是在主要领导人在位时许诺
遵守其要求,一旦其退位或去世则全面调整企业文化;三是
在企业陷入某种危机后,依赖银行或其他机构的外来压力
实现企业内主流文化与亚文化的转换;四是靠引进外资改
变企业所有权结构,进而达到主流文化与亚文化相互转化
的目的。

第三种情况是企业主流文化已经演变为落后的文化,企
业亚文化却仍没有合适的机会击败主流文化。这时候企业文
化冲突往往通过企业低效和衰败的加速而表现出来,解决的
方法往往是通过企业领导者的更迭和企业的深层次变革,加
速旧文化的死亡和新文化的培育。

（2）整体文化与个体文化的冲突。优秀的或者健康的企业文化是一种使企业整体意识与个体意识、整体道德与个体道德、整体行为与个体行为都能大致保持和谐的文化。然而，这并不能说明优秀的企业文化从来没有整体文化与个体文化的冲突，也不是说优秀的企业文化就能很轻易地化解这些冲突。事实上，无论是以个人主义为基础的西欧企业文化，还是以整体、家族为基础的中国企业文化，都不可避免地存在着整体企业文化与个体企业文化的冲突。

整体与个体企业文化冲突有两种情况。一是由于企业与员工个人整体文化背景不同或者价值观念更新不同步所造成的文化冲突。如果企业与员工有着完全不同的文化背景或其中一方受到更多另一种文化的熏陶，这种文化冲突就会出现。二是其他诸多原因造成整体文化与个体文化的冲突：第一，企业新员工尚未熟悉和接受企业整体文化、尚未被企业整体文化共同体认同时发生的企业文化冲突。一般而言，这时候的企业文化冲突只表现为新员工心理上的冲击和失衡，解决办法通常是个体对整体的靠近和适应。第二，在同一个企业文化共同体内，并非由于企业主导意识和观念所致，而是由于利益要求的差别所造成的整体与个体之间企业文化冲突。这种冲突可能是由于整体文化规范过于忽视个体利益所致，也可能是由于个体欲望过于膨胀超出了整体文化规范所能接受的范围所致。第三，在同一个企业文化共同体内部，由于个体与整体之间价值观念、对事物的认识不同,很难避免整体与个体间的文化冲突。每位成员由于生活环境、受教育程度、认识角度、背景、认识能力等方面的原因,他们在知识储备、知识结构、信息来源、信息完备程度等方面都可能存在着与整体的不一致,这种差别或者差距就有可能导致整体与个体之间的文化冲突。第四,企业整体文化过于落后、保守、陈旧,远远不能满足活跃的、先进的企业个体文化的需要,因而造成企业整体与个体之间企业文化冲突。第五,企业成员缺乏整体观和大局观,完全基于自己的意愿、偏好来做事,无视企业整体利益和要求,从而形成企业整体与个体之间的文化冲突。

3. 企业文化冲突的演变

企业遭遇企业文化差异时,并不意味着马上就会发生企业文化冲突,也不是一直处于企业文化冲突之中,而是在不同的阶段,表现出不同的企业文化冲突水平。根据学者奥伯格对跨文化冲突的研究,企业文化冲突通常要经历四个阶段,即蜜月阶段、冲突阶段、适应阶段和稳定阶段。奥伯格的研究有助于我们认识企业文化冲突的演变规律。

蜜月阶段:这一阶段发生于人们刚刚开始遭遇不同形态的企业文化的时候,其主要特征是新奇与兴奋。就像新婚蜜月一样,所有的一切都令人感到新奇和兴奋。这一阶段一般会持续几天到几周,甚至几个月。

　　冲突阶段:蜜月并不会永远持续,在几周或几月内,新奇感和兴奋感会逐渐消失,问题就会接踵而来。人们的期望落空,逐渐意识到企业文化差异的存在,且成为人们继续合作和交往的障碍。人们感到失望、烦躁、恐惧和沮丧。随着时间的推移,人们这种不良的情绪情感反应会逐渐加剧,不同形态的企业文化组织成员之间冲突不断。

　　适应阶段:这是一个经历过冲突并逐渐恢复的阶段。随着对不同形态的企业文化的深入了解和理解,一些企业文化事件开始变得有意义,行为方式逐渐变得适应并可预期。与不同形态企业文化的组织成员合作和交往也变得不是一件难事,一切都逐渐变得自然和有条不紊。

　　稳定阶段:这一阶段意味着组织成员完全或接近完全适应于在不同形态的企业文化中合作和交往,以前难以理解的其他企业文化现在不但能够理解而且能够欣赏。当然,这并不是所有与企业文化差异有关的问题都解决了,适度的冲突仍然存在,而是人们已经习惯了,不良的情绪反应消失了,而良好的情绪反应却逐渐增加。

　　只有正确认识事物的规律,才能做出正确高效的决策。正确把握企业文化冲突的演变规律,对于我们正确认识企业文化冲突,努力控制企业文化冲突并实现企业文化的融合具有重要意义。

4. 中国和西欧企业文化冲突的主要表现及影响

中国和西欧企业文化冲突主要表现在投资目标、企业机构设置、人事管理、建设速度和费用问题以及在管理作风等多个方面。① 具体而言,中国和西欧企业文化冲突表现在以下几个方面:

(1)价值观的冲突

价值观是指人们对事物的看法、评价,是人们信仰、价值、心态系统中可评价的方面。不同文化背景下的人对工作目标、人际关系、财富、时间、风险等观念不尽相同。西欧企业员工一般信奉拼命干活、拼命享受的价值观,追求从自身的努力工作中得到更多的物质满足和乐趣;而中方员工则缺乏主动性、节奏慢,把工作时间看做是同事间交往的机会,这与中国企业缺乏灵活的激励机制有关系,这样双方对工作态度上的差异性可能会引发冲突。西欧管理人员敢于创新和冒险,无后顾之忧,勇于采用新技术、开拓新市场、研制新产品,认为胜败乃兵家常事;中方管理人员却缺乏风险意识和冒险精神,难以在激烈的竞争中抓住好机会,由此引发双方的冲突。西欧企业下级对上级有一定的建议权、质疑权,下级在自己的职责

① 张卫萍、雷翠红:《中外合资企业的文化冲突与对策》,《商场现代化》2006 年 2 月(上旬刊)总第 457 期,第 232 页。

范围内有较大的自主权；而中国的情况则更多地偏向另一个极端。西方员工如对某事有不同看法，一般是直截了当地陈述真相；而中方员工一般不是当面陈述己见，而是在背后议论，由此造成冲突。

(2)制度文化冲突

制度文化体现于企业经营的外部宏观制度环境与内部组织制度之中，在中国的跨文化企业中，这些具有不同文化背景的人们，在一个共同的环境中工作，规范双方行为的共同标准应当是什么？来自西欧国家的管理人员，一般是在法律环境比较完善的环境中开展经营与管理，通常用法律条文作为行动依据；而中方企业的管理人员，尤其是国有企业的管理人员，却习惯于按上级行政管理机构的指令行事，企业不具有自由经营权利，所以也无需自我选择经营方式、行为目标和策略，一切按上级行政管理机构的指令行事。条文、指令、文件便是企业成员的办事章程与决策依据。它们随着发布系统的主管人员对形势判断的改变、对前任价值评价的改变，甚至随着个人主观意志的改变而改变，因此，不需要长期性、连贯性、确定性和可测性，而只具有政策指令就足够了；它也无需实际的操作性，而只需要有意向性便可。因为企业管理人员已经对此形成了默契，若外方的董事会成员面对的同事是习惯于按上级指令或文件行事的人，恐怕由此而产生的冲突是不可避免的。

（3）经营思想与经营方式的冲突

经营思想与经营方式是文化在经济方面的具体反映,不同的文化产生不同的经营思想与经营方式。西欧大多数企业在经营思想方面讲求互利、效率、市场应变的思想。中国的企业比较缺乏这种思想,在互利方面,往往较少考虑对方的获利性;西欧的市场经济中,企业必须完全"以销定产",其行业构成、产品品种结构是由市场导向决定的。中国企业的行业结构是在计划体制下形成的,没有完全反映出市场的需求,而是在原有工业结构基础上把产品生产出来后再寻找市场,进行推销;西欧企业重视长期行为,长期计划被看做是一种有价值的投资,而中国许多企业比较重视短期行为,长期计划只是一种表面的东西,效率低,收效甚微;在决策方式上,中国企业的决策常常由集体做出,其功绩和责任也属于集体,西欧企业习惯于个人做出决策,个人对决策承担最终责任。与此相适应,西方的企业倾向于决策的分散化,国内企业则倾向于决策的集中化。

（4）伦理和法制观念的冲突

在调节人的行为和处理纠纷方面,西欧企业要求注重法律、注重契约的观念渗透到企业管理的各个方面。西欧人对纠纷的处置惯用法律手段,很多个人和公司都聘请有法律顾问,有纠纷时由律师处理。西欧文化反映在国际商务管理方面,经常表现为轻视人情和传统风俗,只尊重规则和制度,一切服从合同和计划;中国文化则不习惯从法律上考虑问题,而是从伦理道德上来考虑。中国人习惯于借助"组织"和舆论来处理纠纷,往往认为企业规则和契约是由于相互之间缺乏理解和信任的补充约束。这种差异在国际商务中经常造成相互沟通的困难,产生交流误解,出现决策冲突。

(5)显性文化冲突

中国和西欧企业间最常见与公开化的文化冲突,是显现文化的冲突。显现文化的冲突即来自行为者双方的象征符号系统之间的冲突,也就是通常所说的表达方式所含的意义不同而引起的冲突。这些表达方式通过语言及行为方式等表现出来,语言不仅划分出不同的文化群体,而且还使这些群体泾渭分明。语言是表达思想的载体,而思想是组成并决定文化特点的根本因素。因此,语言也就是文化的一种主要载体,因语言差异引起的冲突是文化冲突的重要的外在表现。至于行为方式包括了神态、手势、表情、举止等,来自不同文化背景中的人,相同的行为所象征的意义可能是完全不同的。语言差异和行为方式差异的例子在跨文化企业中是很常见的,具体对于中国和西欧企业间而言,也存在着显著差异。比如问候的方式,中国员工碰面时一般问:"你去哪儿?""吃饭了吗?"以上问者并非真想知道什么,而不过是一句脱口而出的招呼语,答者也是含糊的,即使对方不回答而扯一句别的话,问者也不在乎,这一问一答的意思实际上和"你好"是差不多的。但是,如果遇上西欧人,也按照中国的习惯打招呼:"Have you eaten?"(吃饭了吗?)"Where are you going?"(你去哪儿?)对方将非常生气,他们认为这种问法纯粹是干涉别人的私事。跨文化企业中的员工可能以沉默来表示支持,有的可能是以沉默来表示反对,还有的则可能以沉默来表示自己的不可能理解或不关心。再如,中国人出于礼貌,一般不说"不"字,但这并不表示他们内心对某事是赞同的,而与中国人打交道的许多外国人如西欧人则会认为中国人言而不信;中国人则觉得西欧人在同他讲话时一直"直率"地拿眼睛盯着自己很不礼貌,相反,西欧人则怀疑中国人在讲话时不看对方是想要什么花招;最后,沟通习惯的差异性,中国的员工一般很少愿意当面提出反对的意见,害怕得罪同事或上司,在表达立场时也会常说"让我再想一想"等含糊的话来委婉地搪塞。中国文字中多见"约"、"大概"、"基本上"这一类词。中国用约数词来表达事实的复杂性、不测性和自我表达可能的不完备性,体现了中国人的谨慎谦虚和宽容,对人与事只是笼统的要求,而无苛刻的标准;相比之下,西欧员工开朗外向、性格直爽,他们不喜欢拐弯抹角和周折,有什么建议和想法,会不加掩饰地提出,立场鲜明,直截了当,绝不吞吞吐吐,更不担心会引起他人的不快。西欧人追求一种精确的计划和衡量,精益求精,对一种具体的目标孜孜不倦。

　　(6)劳动人事方面的冲突

　　在工资政策上,中方往往看重员工的资历、经历和学历,把工资增长基数与企业经济效益直接挂钩;西欧企业则根据工作的性质和能力确定工资,把工资调整与物价指数和生活费用指数结合起来。在人事安排和职务晋升上,中方比较注重德才兼备,重视人的政治素质、个人历史和人际关系;西欧企业则把能力放在第一位,根据员工在工作岗位上实际表现出来的能力进行人事安排和职务晋升;对于人才流动,中国企业不习惯员工"跳槽",并常常以某些条件和理由限制人才外流;西欧企业尤其是美国则鼓励自己的职工不断流动,以保持企业的活力。

　　(7)决策模式的冲突

　　从决策方面看,西欧人强调"自我",注重思维清楚明白的文化传统和直言不讳的表达方式,使其管理决策主体偏重于个人。他们一般在企业中少设或不设副职,在权限范围内独立自主地作决策,敢于承担个人责任,决策迅速,主观性比较强;而在中国文化影响下的决策模式则更偏重于集体决策、集体研究而得出结论。中国的管理者通常群众观念较强,但决策缓慢容易贻误商机。

　　(8)协调管理原则的冲突

　　协调是一种领导艺术,因此文化的因素对其影响很大。西欧文化以个人主义为核心,个人奋斗至高无上,企业为员工创造更多的充分机会和选择权利,号召每个员工都成为管理人;中国文化由于传统习惯的影响,人与人之间的关系是建立在诚信基础上的,重视思想政治工作,以精神奖励作为主要的激励手段,在协调组织成员间的关系上更愿意采用说服教育、谈心等方式。

　　传统上人们认为,企业文化冲突会给企业和企业发展带来不利影响,对于中国和西欧企业而言,这些不利影响体现在:首先,企业文化冲突影响了中国和西欧跨国公司管理者与当地员工的和谐关系,甚至产生"非理性反应";其次,企业文化冲突导致中国和西欧跨国公司市场机会的损失与组织机构的低效率;再次,企业文化冲突提高了企业经营成本,为企业跨区域、跨文化经营设置了障碍;最后,企业文化冲突使中国和西欧跨国公司的全球战略的实施陷入困境。①

　　然而,随着人们对冲突本身以及企业文化冲突的认识不断加深,人们意识到,对于所有群体和组织来讲,冲突都是与生俱来的。著名的社会学家达伦多夫认为,人类社会充满着矛盾和冲突,无论在人类发展的任何阶段,无论在任何人类社会中,人类社会大量的、形形色色的社会矛盾和社会冲突都从来没有消失过,也将永远不会消失。由于冲突无法避免,因而

------

　　①　关于对企业文化冲突的不利影响的详细探讨参见周有斌、齐卫国:《论中西企业文化的冲突与融合》,《企业家天地》2008年第7期,第191页。

冲突应该被接纳,使它的存在合理化。冲突不可能彻底消除,有时它还会对群体的工作绩效有益。事实上,过多的和谐、和平、平静并不一定总能使企业取得好的经济效果,相反会使企业缺乏生机和活力,适当的冲突倒是有利于刺激企业健康发展。因此,组织既要限制破坏性冲突,也要促进建设性冲突。这一观点也得到美国学者布朗的证实。布朗在研究冲突水平与组织效率之间的关系时发现,冲突水平太高,将导致各种混乱,危及组织生存;冲突水平太低,又会影响组织变革,使组织难以适应环境变化。只有适度的冲突与不满才能刺激个人的创造力,促使员工积极并且乐意接纳新鲜事物,企业才有革新能力。

中国和西欧企业文化的冲突也是这样,适度的冲突将会强化企业文化多样性优势,从而提高企业的绩效;低度的企业文化冲突虽然可避免企业文化多样性劣势,但同样无法发挥企业文化多样性优势;当然,过于激烈的企业文化冲突会降低企业的绩效,因为这会使企业文化多样性劣势表现得淋漓尽致,而企业文化的多样性优势却无法发挥出来。[①] 事实上,一定的、适度的冲突问题可以促使管理者和员工改变其思考问题和处理问题的方式,使人们对问题的认识更加深入,能够经

---

① 关于对企业文化冲突影响的详细探讨参见陈春花主编:《企业文化管理》,华南理工大学出版社 2002 年版,第 170—172 页。

常性地提出一些建设性意见,促进企业的健康发展。

【案例 6—1】　TCL 与阿尔卡特并购失败的实证分析[①]

2004 年 4 月 26 日,TCL 通讯科技控股有限公司(简称 "TCL 通讯")宣布该公司已与阿尔卡特签订谅解备忘录,双方将组建一家从事手机及相关产品和服务的研发、生产和销售的合资公司 T&A 公司。合资公司的净资产将达到 1 亿欧元,TCL 通讯将投入 5500 万欧元现金,拥有合资公司 55% 的股权,阿尔卡特将投入现金,向手机业务注入 4500 万欧元,持有 45% 股权。双方约定,合资保持四年,四年以后,由阿尔卡特决定是否将 45% 的股权悉数出让给 TCL。10 月 10 日,新合资公司在香港挂牌成立,TCL 将正式收编原阿尔卡特手机事业部门的旧部 600 余人。新公司启动资金为 1 亿欧元,其中 TCL 持股 55%,李东生出任合资公司董事长,万明坚任 CEO。2005 年 5 月 17 日,TCL 集团和阿尔卡特解散移动电话合资企业,原因是该企业无法在严酷的市场状况下停止亏损。由于并购阿尔卡特手机业务时过于草率,整合效应并没有发挥,TCL 对 T&A 基本处于失控状态,以致造成前 4 个月近 4 亿的巨额亏损。T&A 不仅没有达到两大手机企业降低成本、提升销售的整合初衷,反而成为拖累出资双方的亏损

[①]　案例引自陈弘:《企业跨国并购中的文化冲突与整合》,《求索》2006 年第 7 期,第 89—90 页。

泥潭。阿尔卡特拥有 45％股份,它决定将这些股份的资产价值大幅折价后出售给 TCL。阿尔卡特的这一决定除了造成 TCL 在资金上的巨大亏损无可挽回之外,也令 TCL 所采取的购买国际技术和品牌的扩张战略受到挫折。对并购准备不充分,不能有效降低成本都是导致并购失败的原因,其中,跨文化管理的失败和合作双方根本目的的分歧,是造成这场"婚姻"失败的主要原因。

TCL 与阿尔卡特产生文化冲突的主要原因有:

第一,民族文化差异与冲突。TCL 代表的是中国文化,阿尔卡特代表的是法国文化,中法文化本身存在着巨大的差异,根据霍夫斯泰德的文化维度指标得分结果,中国与法国在权力化程度、不确定性规避、个人主义、男性主义这几个指标的得分分别为:中国 89、44、39 和 54;法国 73、78、82 和 35,从四个维度的比较看,中法两国差别都较大。两国语言、文字、价值观等文化差异的影响,企业中处在不同"文化边际域"的人们不可避免地会在行为和观念上产生冲突。在并购中,TCL 处于强势地位,董事长和 CEO 及大部分高管都来自于 TCL,在行为上以"自我参照标准"为准则来对待与自己不同文化价值观的员工,必然会遭到抵制,进一步扩大文化冲突,从而给企业的经营埋下危机。

第二,两家企业的文化差异与冲突。两家企业在并购目标、经营理念、管理模式和思维方式上都存在很大的差异,阿尔卡特作为国际品牌实行的是人性化管理,而 TCL 习惯于将权力集中在高层,上级通过对下级的直接干预来管理企业,而下级更多的是服从。并购双方对彼此文化认同程度的差异方面,TCL 是国内企业中的佼佼者,很容易倾向于将过去在国内经营成功所采取的管理模式运用到被并购企业中去,而阿尔卡特是国际品牌,具有悠久的历史和成熟的企业环境,对自身文化的认同度高,具有较强的种族优越感,对中国企业文化的认同度低,TCL 将自身的文化强加给被并购企业,冲突势必发生,其结果往往是各持己见,双方在业务及组织上的整合都受到阻碍。TCL 和阿尔卡特在销售模式、员工薪酬支付办法等方面截然不同。中法企业员工在薪酬上的不统一甚至是严重的不对等,不仅增加了 TCL 的运营成本,也造成公司员工不和。TCL 高层在并购不久之后就意识到这样做的失策,仅支付 360 名法国员工的薪酬,就相当于 1 万名员工的人力成本。在合资初期,TCL 公司为了保证稳定保留了原阿尔卡特员工的薪酬待遇,过渡期后即实行统一薪酬制度,同时压缩运营成本,控制开销,导致原来阿尔卡特方的员工产生心理落差,纷纷离职。由于双方价值观、行为方式、管理风格的不同而产生文化适应性摩擦,从焦虑、恐惧与不安,进而产生"文化休克",这些反过来又加剧文化冲突。

第三,沟通与协调的障碍。由于并购不彻底,自合资公司成立以来,无论国内市场还是海外市场,TCL 与阿尔卡特还是两套人马各自为战,协同效应无从谈起。CEO 和主要高管都是 TCL 的人,合同也要 CEO 签字,但 TCL 却不清楚资金使用的具体事宜,很多方面已失去控制。阿尔卡特品牌手机销量已经超过 TCL 品牌,但由于合资公司大区的销售主要由阿尔卡特方面人员负责,TCL 方面销售人员得不到资源支持,合资公司中的中方和外方员工,已经由于架构问题产生对立情绪。大幅度人事变动,尤其是人事政策的生硬,使阿尔卡特员工难以接受,并感觉受到不公平的待遇,表现出对抗和不屑,进而愤然选择离开,包括高层经理、一线经理(主要是市场销售部门)及市场销售人员。

5. 中国和西欧企业文化冲突的控制及应对策略

毋庸讳言,中国和西欧企业文化的冲突客观存在。对于这种冲突,究竟应该如何看待和处理呢? 事实上,在一个中欧合资企业中,既然冲突不可避免,作为一个有效的管理者,与其花大量的精力来防止和解决企业文化的各种冲突,倒不如努力使企业文化的冲突水平维持在一个合理而适度的范围内。控制中国和西欧企业文化冲突的基本策略是:信任、尊重、包容和沟通。[1]

---

[1]　关于控制企业文化冲突的策略的探讨参见周松波:《试论中欧合资企业文化冲突的应对策略》,《商场现代化》2008 年 6 月(上旬刊)总第 541 期,第206—207 页。

（1）信任

一般来说,信任是合资企业各方在面对未来不确定性带来的风险时,能够信赖对方,并做出让对方信赖的行为,从而产生的合资企业各方相互认同的心理状态。从合资各方相互接触、洽谈合作,到决定合作、建立合资企业,再到共同管理合资企业的过程中,信任是逐渐产生、发展、强化的过程。具体包括:一是信守承诺;二是换位思考;三是保持合作行为的一致性,避免欺骗行为和机会主义行为。在中欧合资企业中,合资各方要保持彼此的信任,还必须保持合作行为的一致性。无论面临什么问题和困难,它都必须一如既往地以合作的态度和合作的行为去解决问题,克服困难。

（2）尊重

尊重就是具有不同形态的企业文化的组织成员之间互相尊重对方的企业文化。在中欧合资企业中,由于合资伙伴来自不同的国家、不同的企业,它们都有各自独特的国家文化和企业文化,中方和欧方都希望受到对方及其组织成员的尊重。相互尊重既是中欧合资企业合作的基础,也是合资企业避免过度的企业文化冲突的基础。要做到尊重对方首先要克服"自我中心主义"。① 事实上,在中欧合资企业各方交往和合

---

① ［美］查尔斯·甘瑟尔、艾琳·罗杰斯、马克·雷诺著,干春晖译:《并购中的企业文化整合》,中国人民大学出版社2004年版。

作中,中方和欧方成员都会自觉不自觉地表现出自我中心主义倾向。因此,在中欧合资企业文化冲突管理中,双方成员都应该克服自己的自我中心倾向,不仅要从表面上尊重对方,更重要的是,要从心底里尊重合作伙伴。

第一,要有合作意识。全球化是当今世界社会经济发展的基本趋势,全球化一方面伴随着各国文化的趋同化趋势,另一方面又促进了各国文化的当地化趋势。这说明各国民族文化的差异是客观存在的,且这种差异是无法完全消除的。相应地,在中国与西欧合资企业中,企业文化的差异也是客观存在的,是无法消除的。因此,在企业管理中,合资伙伴之间要做到相互尊重对方的企业文化就必须树立全球化的合作意识。具体而言,一方面,要从全球化的视角而不是从本国或本企业的视角来考虑问题,树立合作意识。合资企业是一个合作体,这不仅应该体现于合资企业日常的管理和运作过程中,更重要的是,应该体现于合资企业成员的思想意识之中。合资伙伴在思想意识中应该只有"我们",而没有"我们"、"你们"、"他们"之分。就像一个有机体,它由不同的系统、器官和细胞组成,这些系统、器官和细胞具有不同的特性与功能,但它们能够相互协调,各司其职,实现有机体的整体功能,从而形成强大的生命力。合资企业企业文化差异类似于有机体中的不同系统、器官、细胞,不同的企业文化具有不同的特性,适应于不同的环境。合资伙伴只有精诚合作,齐心协力,才能实现合资伙伴企业文化的协同,获得巨大的企业文化多样性优势;另一方面,要具有开放的、灵活的思维方式。每一种企业文化都有一种独特的思维方式,如中国企业海尔是以顾客为导向的思维方式,其思维出发点是如何为顾客最有效地提供"星级服务";而邯钢则是以成本为导向的思维方式,其思维的出发点是如何最有效地降低运营成本,以获得成本优势。每种思维方式适应于一定的经营环境。由于企业外部经营环境复杂多变,单一思维方式的局限性是显而易见的。在合资企业文化协同管理过程中,必须要有开放的、灵活的思维方式,能够主动地根据企业外部经营环境的变化,灵活地运用不同企业文化的思维方式。

第二,善于发现不同企业文化的合理性。每一种企业文化都适应于特定的经营环境,都有其存在的合理性。在合资企业管理中,认识到这一点对于合资各方合作的成功是至关重要的。许多成功的合资企业都是善于发现合资伙伴企业文化合理性的典范。

第三,学会换位思考。合资企业中友好相处的一个重要原则就是从合作对方的角度去分析他们的行为或立场,而不是从自己的角度出发。不要轻易做出任何价值判断,合作中需要好奇、灵活和敢于创新,但首要的是先尊重对方的观点。所谓换位思考就是指合资企业伙伴都从合作伙伴对方的角度而不是从自己的角度去思考问题、分析问题、进行价值判断和采取行动。换位思考对于控制企业文化冲突的意义在于使合资伙伴之间不是去反对、压制,甚至试图去改变其他合资伙伴的企业文化,而是有意识地去理解和利用合资伙伴的企业文化,从而实现相互理解,并在相互理解的基础上解决由于企业文化差异引起的各种冲突。不管合资企业伙伴企业文化差异有多大,只要合资伙伴之间都能站在对方的立场上,进行换位思考,相互理解各自的企业文化传统,就可以有效地控制企业文化冲突。

第四,克服"自我中心主义"。"自我中心主义"是人们作为某一特定文化或企业文化成员所表现出来的优越感。它是以自身价值标准去解释和判断其他文化或企业文化背景中的群体的一种倾向。在社会化过程中,人们都在不断地接受本国民族文化的熏陶,从而逐渐形成了以本民族文化为中心的价值观和行为模式,"自我中心主义"的心态在不知不觉中得到发展。由于"自我中心主义"心态通常是无意识中习得的,因而它也就会在无意识中表现出来。在合资企业文化协同管理中,不同形态的企业文化组织成员都应该克服自己的自我中心主义倾向,不仅要从表面上尊重合资伙伴,更重要的是,要从心底尊重合资伙伴。

（3）包容

包容简单的说就是和而不同。我们知道,各国民族文化的差异是客观存在的,且这种差异是无法消除的。中欧合资各方应该具有开放的、灵活的思维方式,树立全球化的视角,与合作伙伴共存共荣。合资企业各方的文化差异类似于有机体中的不同系统、器官、细胞,不同的企业文化具有不同的特性,适应不同的环境。由于企业外部环境复杂多变,单一思维方式的局限性是显而易见的。① 因此,中欧合资企业各方只要精诚合作,齐心协力,就能够发挥巨大的企业文化多样性优势,更好地适应和包容客观存在的不同文化表现出来的文化差异。

(4)沟通

沟通是控制企业文化过度冲突的重要策略之一。一般来说,沟通是指人与人之间传递思想、交流情报和信息的过程。它不仅是指意义的传达,更重要的是指意义必须被理解,即沟通包括意义的传递和理解。中欧合资企业文化冲突的一个重要原因就是沟通障碍或沟通不足。沟通总是发生于特定的环境,沟通的每一个环节都可能受到各种环境因素的影响,从而造成沟通障碍,影响组织沟通的有效性。一般地,组织沟通障碍表现在以下几个方面:

第一,发信者在信息表达和编码中的障碍:发信者要将自己的真实意图传达给对方,必须先通过一定的形式表达出来。

---

① 陈至发:《跨国战略联盟企业文化协同管理》,中国经济出版社 2004 年版,第 122—123 页。

但在这个过程中,可能出现的问题是:一是表达不当,如用词不当,词不达意;二是语义差异或一词多义,这一问题在跨文化沟通中尤其突出;三是没有注意接受者的文化背景和沟通能力;四是表达过于含蓄,造成误解。

第二,信息在传递过程中的障碍:在信息传递过程中,经常出现的沟通障碍是:一是不适时机,如时间上的耽搁和拖延,会使信息过时而无用;二是信息内容的漏失和错传;三是干扰,如环境噪音等。

第三,接受者在信息接收和理解方面的障碍:接受者接收到信息符号后,必须进行解码,把接收到的信息符号转变成可以理解的信息。在这一过程中,经常会出现障碍:一是知觉的选择性,接受者会根据自己的需要、动机、经验、背景和个人特点,有选择地去接收和理解信息;二是接受者的理解差异和曲解,如不同文化背景的人对同一信息会有不同的理解;三是信息过量,超出了接受者的接收能力;四是接受者心理上的障碍,当接受者对发信者怀有不信任感、敌意,或者紧张、恐惧的心理时,就会拒绝传递来的信息,或者歪曲信息的内容。

第四,反馈过程中的障碍:如在沟通中缺乏反馈或反馈不充分、不准确,使发信者无法准确了解信息是否被接收和理解,进而不能有效地调整自己的沟通行为。

中国与西欧合资企业的组织沟通除了会遭遇一般组织沟通障碍外,由于沟通者来自不同的国家,具有不同的文化背景,因而还面临着文化对组织沟通的影响。事实上,文化在很大程度上影响和决定了人们如何将信息编码、如何赋予信息以意义,以及是否可以发出、接受、解释各种信息的条件。我们全部的沟通行为,几乎都取决于我们所处的文化环境,文化是沟通的基础,有不同的文化,就有不同的沟通实践。因沟通障碍和沟通不足导致不同企业文化的组织成员之间对不同企业文化的错误认识和误解,进而导致企业文化失衡,伴随不良的情绪情感反应。良好的沟通可以改善合资企业文化企业各方对不同企业文化的认知,消除误解,避免合资企业各方的企业文化认知失衡和不良的情绪情感反应。在中欧合资企业各方之间进行沟通时,首先必须采取适当的措施克服组织沟通面临的沟通障碍问题。

第一,克服沟通障碍,在跨国合资企业伙伴之间进行沟通时,首先必须采取适当的措施克服组织沟通面临的一般沟通障碍问题。

使用统一语言。语言是文化的载体和直接表现形式,除了字面意思外,每种语言还有其独特的文化内涵,与文化之间都有千丝万缕的联系。在组织沟通中,人们主要是通过语言来表达事实以及自己的思想、观念。语言是有效沟通的基础,是有效沟通的手段。但是,不同的文化具有不同的语言。在跨国合资企业中,由于合作伙伴来自不同的国家,如果不使用统一的一种语言,就可能无法沟通。一般地,东西方都有"人乡随俗"的说法,因此,按照"入乡随谷"的原则,跨国合资企业内部统一使用的语言应该是合资企业所在国的国家语言。

运用简洁语言。在跨国合资企业中,虽然使用统一语言在一定程度上可以方便合作伙伴之间的沟通,但由于他们文化背景不同,且多数合作伙伴使用的是第二语言,熟悉程度有限,因而合作伙伴在进行跨文化沟通时应该尽量使用简洁的、易懂的、通俗的语言,使合作伙伴之间能够很容易地相互把握对方所要表达的思想和情感,从而减少跨文化沟通中的语言歧义和误解。

积极倾听。积极倾听是有效沟通的前提。只有当人们集中注意力倾听对方所说的内容,才能避免因分心造成的信息遗漏,并能有效地调动沟通者的情绪,从而提高沟通效率和准确性。积极倾听有四项基本要求:专注、移情、接受和对完整性负责的意愿。专注要求倾听者排除杂念,精力非常集中地倾听说话人所说的内容。移情要求倾听者把自己置于说话者的位置上,努力去理解说话者想要表达的含义而不是倾听者自己想理解的意思。倾听者要暂时抛开自己的想法和感觉,而是从对方的角度调整自己的所思所感,从而保证对所听到的信息的解释符合说话者的本意。接受即客观地倾听内容并进行判断。积极倾听要求倾听者接受对方所言,而把自己的判断推后。对完整性负责是指倾听者要千方百计地从沟通中获得说话者所要表达的信息。达到这一目标最常用的两种技巧是在倾听内容的同时注意情感、通过提问来确保理解的正确性。

调动情绪。在跨国合资企业中,合作伙伴之间的沟通本质上是不同文化背景的人与人之间的思想和情感的交流过程,其沟通效果不仅取决于上述因素,还会受到沟通双方个人之间的情绪情感的影响。一般说来,良好的情绪,有利于双方的沟通;不良的情绪,则不利于双方的沟通,不仅可能歪曲对方所要表达的意思,而且可能使沟通中断,无法进行下去。因此,跨国合资企业伙伴在跨文化沟通中应该营造良好的沟通氛围,如认真倾听、情感互动、不反驳、适当的赞许等,从而调动对方的情绪,使沟通双方都保持良好的情绪状态。

提高表达能力和理解能力。对于每一个参与沟通的人来说,沟通意味着发送信息和接受信息。发送信息需要沟通者能够用适当的语言传递自己的意思;接受信息则需要沟通者能够准确地理解信息隐含的真实意思。在跨国合资企业中,因文化背景语言不同,在使用统一语言后,合作伙伴的语言表达能力和理解能力大大降低,从而成为跨国合资企业跨文化沟通障碍的重要原因。因此,跨国合资企业要克服沟通障碍就必须提高合作各方的跨文化沟通能力,尤其是表达能力和理解能力。

第二,发展跨文化培训项目,提高跨国合资企业伙伴及其成员跨文化沟通能力的一个有效措施是发展跨文化培训项目。一些成功的跨国合资企业都成功地实施了跨文化培训项目，如中外跨国合资企业的成功典范上海大众汽车有限责任公司就曾发展了许多跨文化培训项目。这些项目包括波恩跨文化培训项目、波恩—上海"Look & See"跨文化培训项目、跨文化讲座和跨文化合作研讨会等项目。跨国合资企业发展跨文化培训项目应注重培训效率和效果，避免搞形式，应该根据培训目标和受训对象选择培训内容，根据培训内容选择培训方法。

选择适当的培训内容。跨文化培训的内容既有知识认知类，又有经验技能类，内容是繁多的（表6—1），任何一个跨文化培训项目都不可能囊括所有内容。因此，要求跨国合资企业在发展跨文化培训项目时，根据培训目标和受训对象选择适当的培训内容。

选择适当的培训方法。跨文化培训方法可分为知识纪实型、情感分析型和行为实践型三类：（1）知识纪实型。对文化的概念、特点、组成要素以及文化对价值观、行为的影响有总体认识，并对特定文化有客观的认识，如某个国家的国情，包括人文、历史和风俗习惯。主要方法是知识与信息的传递，主要形式有讲座、录像、电影和阅读等。（2）情感分析型。树立中立的文化态度，从情感上认识自文化与异文化，容忍差异的存在。主要方法是文化同化、文化对比法、案例研究法、敏感性训练；主要形式有自测、人机对话、角色扮演、阅读书面材

表 6-1　本田公司跨文化培训内容

类　别		培　训　内　容
知识认知类	认识国际化与企业战略	何谓国际化 日本人和国际性 本田和国际化、全球本土化 本田对肩负全球本土化重任的人才的要求
	文化影响	影响商务运作的文化因素 信息差异与行业差异 危机管理 对差别的认识 对隐私的不同理解 语言冲突 礼仪、举止、忌讳 人生观、劳动观与组织观 组织成立、功能组建与秩序维持 招聘、培养、评价、考核与待遇问题 从比较文化的角度理解日本人的沟通模式
	对国际合作的再认识	合同 缔结合同的意义 合同内容与缔结过程 履行合同的意义 对缔结合同的一般态度
经验技能类	跨文化适应的基本应对技能	收集跨文化信息的技能 商务活动中必要的跨文化交往技能 在跨文化环境中解决问题的方法 跨文化环境中解决问题的一般模式 本田式的解决问题的方法 推进工作的方法
	跨文化沟通技能	如何开发与运用非语言沟通能力 有助于提高交往效率的沟通能力
	训导技能	培训、指导当地员工方法的定位 培训、指导的基本态度与原则 培训、指导方面的具体注意事项

来源：范征、张灵：《试论基于动态平衡模型的跨文化培训》，《外国经济与管理》2003 年第 5 期。

料、观看录像和组织讨论等。(3)行为实践型。通过最大程度的参与来修正行为习惯,掌握必需的互动技能。主要方法有模拟法和实地体验;主要形式有目标效果、环境模拟、角色扮演、计算机网络和工作考察等。不同的跨文化培训方法适用于不同的培训内容。因此,跨国合资企业在发展跨文化培训项目时必须根据培训内容选用适当的培训方法。

第三,建立灵活的跨文化双向沟通机制,创造跨文化双向沟通环境。在跨国合资企业中进行跨文化沟通,必须创造一个宽松的双向沟通环境。首先,创造良好的语言环境。语言上的沟通是跨文化沟通的首要条件。在跨国合资企业中,不同文化语言的职员之间存在语言障碍。在统一语言的前提下,应综合采用多种方法解决语言障碍问题,如聘请高水平的翻译人员,对合资企业职员相互进行语言培训,聘请掌握了多种语言的高级管理人员。其次,创造良好的人际环境。每一种文化都有其不同的人际交往准则。在跨国合资企业中,合作伙伴都应该尽量去了解其他伙伴人际交往的文化特征,创造良好的人际交往氛围,相互尊重,相互理解,相互学习。再次,创造良好的精神环境。尽管不同文化背景下,人们的精神理念会有所不同,但是不同的精神理念是可以和谐共存的。在跨国合资企业中,要求合作伙伴之间在认识上求同存异,取得共识;情感上要宽容;行动上要协调。例如,在中外跨国合资企业(合资企业)中,一些企业组织中都设有党委会,它主要负责职工的思想政治教育,这仿佛与西方国家的精神理念相去甚远,有的合资企业认为根本没有必要设立党委会。但事实证明,党委会在合资企业经营中所起的作用有时很大,员工的一些不良情绪不仅得到了平息,而且还会提高员工的工作积极性,对于解决员工与管理人员的关系起到了很好的作用,从而逐渐改变了一些外国公司的高层管理人员对党委会的认识。可见,只要用积极的态度去对待处理文化差异问题,不同文化背景下的人们是可以在经营管理上达成共识,在情感认知上相互理解宽容,在企业经营行为上协调一致。总之,跨国合资企业必须首先创造良好的语言环境、良好的人际环境和良好的精神环境,为跨文化双向沟通创造良好的、宽松的组织氛围。

建立跨文化双向沟通渠道。双向沟通不同于单向沟通,单向沟通没有反馈过程,而双向沟通必须有反馈过程。它的特点是沟通双方均参与编码和解码过程。在双向沟通中,反馈有利于沟通者阐述意图和理解意图,在第一轮沟通中出现的含糊不清的意图可以在第二轮中得到解决。跨国合资企业建立双向沟通机制的一个重要方面就是建立跨文化沟通的反馈机制,而反馈机制必须依赖于一定的沟通渠道。这就要求跨国合资企业必须建立跨文化的双向沟通渠道。

文化沙龙:在合资企业内组织各种形式的文化沙龙或不同形式不同层次和规模的文化联谊活动,为组织成员进行跨文化双向沟通提供机会,促进不同文化背景的员工之间的友谊与交往,促进相互了解和沟通。

文化专题研讨会:定期或不定期地举行合作伙伴文化问题或企业文化问题研讨会,就某些合作伙伴及其员工经常遭遇的文化问题或企业文化问题进行交流和研讨,以便达成共识。

企业网站的文化交流区:利用企业网站,设立文化交流区,为合资企业组织成员提供跨文化沟通的信息互动平台。

跨文化咨询热线或企业文化咨询信箱:在合资企业内设置跨文化咨询热线或企业文化咨询信箱,以便于合资企业组织成员在遭遇企业文化问题时,为他们提供咨询,及时解决他们遇到的企业文化问题。

运用灵活多样的跨文化双向沟通形式。信息沟通方式包括书面沟通、口头沟通和非文字沟通三大类,每一类中又包括不同的沟通形式。

书面沟通是用书面形式进行的信息传递和交流,其优点是具有准确性和权威性、比较真实、不受时间和地点的限制,信息便于长期保存和查看,可减少在多次的传递和解释中造成的信息失真;其缺点是不灵活,比较费时。口头沟通是运用口头表达的方式进行信息的传递和交流,其优点是比较灵活、简单易行、速度快、有亲切感,便于自由沟通和双向沟通,可借助于身体语言来表达思想,从而便于理解;其缺点是受空间限制,信息不易保留。非语言文字沟通是用非语言符号系统如身体语言进行信息沟通。非语言沟通与语言沟通常常交织在一起,是语言沟通的辅助形式。

跨国合资企业在进行跨文化沟通过程中,应该根据沟通目标、沟通内容、沟通的对象和层次,以及跨文化双向沟通的要求,灵活地运用上述各种沟通形式。

(5)建立学习型组织①

促进企业组织学习从而控制企业文化冲突的策略除以上几种外,一个最有效的方式是建立学习型组织。学习型组织就其本质而言是一个具有强大学习能力和创新能力的组织,它就像具有生命的有机体一样,在合资企业内部建立起完善的"自我学习机制",将企业成员的学习与工作持续地结合起来,使合资企业组织在个人、工作群体以及整个系统三个层次上得到共同发展,形成学习—持续改进—建立竞争优势的良性循环。

学习型组织的本质特点是强调学习,善于学习。一是强调"全员学习",即决策层、管理层、操作层,都要全身心投入学习,尤其是决策层,包括经营管理决策层与技术决策层,因为他们是决定合资企业组织发展方向和命运的重要阶层。二是强调"全过程学习",学习贯穿于组织管理的全过程,把学习与

①　详细探讨参见彼得·圣吉著、郭进隆译:《第五项修炼》,上海三联书店1998年版。

工作紧密结合起来,强调必须边学习边工作,边工作边学习。三是强调"团体学习",学习型组织不但重视个人学习和个人智力的开发,还强调组织学习和组织智力的开发。

要建立学习型组织,必须进行以下五项修炼:

第一,自我超越。自我超越是学习型组织的精神基础。它要求合资企业成员,尤其是高层管理人员能够不断实现他们内心深处最想实现的愿望,他们对生命的态度就如同艺术家对艺术作品一样,全身心投入,不断创造和超越,是一种真正的终身"学习"。组织整体对于学习的意愿与能力,根基于每个成员对于学习的意愿与能力。企业活力的来源是人,而每个人有自己的意愿、心智和思考方式。如果员工本身未被充分激励去挑战成长目标,当然不会有企业的成功与发展。"自我超越"是个人成长所必不可少的学习修炼,在这里"自我超越"是指突破极限的自我实现。

第二,改善心智模式。心智模式在人们的心中根深蒂固,它影响人们如何去了解这个世界以及如何采取行动。人们通常不易察觉自己的心智模式以及它对行为的影响,而在经营管理的许多决策模式中,决定什么可以做或不可以做的,正是这种根深蒂固的心智模式。如果一个管理者无法掌握市场的契机和推行组织中的改革,很可能是因为它们与自己心中隐藏的、强而有力的心智模式相抵触。因此,学习如何将自己的心智模式摊开并加以检视和改善,有助于改变心中对周围世界的既有认识。把"镜子"转向自己,是心智模式修炼的起步。在合资企业组织学习中,改变心智模式就是要求人们学会有效地表达自己的想法,并以开放的心灵容纳别人的想法。

第三,建立共同愿景。学习型组织的真谛在于建立组织的共同愿景。它可以为组织学习提供动力,因而它对组织来说至关重要。组织的愿景不是管理者个人的意志,不是由管理层制定并由上而下的灌输的方案,而是所有成员的个人愿景在内部经过交流协同后的最终产物,是以个人愿景为基础的。个人愿景不是可有可无的东西,而是人们心中的真正的渴望,是对自己未来的承诺。只有从个人愿景出发来建立组织共同愿景,才能使合资企业各方在组织目标中看到个人的理想,从而全身心投入组织的事业。建立共同愿景的第一步是鼓励合资企业各方建立个人愿景。

第四,团体学习。在相互交流中,人们往往会遇到出于自我保护意识的"习惯性防卫"的心理障碍。高层管理者自恃"多知多懂"而不愿听别人的意见;普通成员碍于情面而又不敢提出不同意见,或者出现几个人相持不下,互不让步,最后不欢而散的局面。在团体学习中,就是要求成员运用"深度汇谈"(即真诚地交流)的技巧来跳出"习惯性防卫"的思想禁锢,在组织内形成民主、平等、自由的和谐气氛,使合资企业各方彼此敞开心扉,不介意自己的想法是否被人接受,不考虑意见提出者是谁而只看它是否可取。这样才能使合资伙伴在组织学习中真正开诚布公,达成共识。

第五,系统思考。就是在组织学习过程中用系统的、整体的、动态的思维方式代替人们过去机械的、片段的、静态的思维方式,从而提高组织中每个合资伙伴、每个人的学习能力。这不仅可以帮助合资伙伴及其组织成员认清组织学习的心智模式的影响,使其他四项修炼得以顺利进行,而且可以使合资伙伴及其成员认识到系统功能和行为特点完全是由其结构决定的,从而着眼于事件、趋势背后的系统结构,并扩大思考的时间范围和空间跨度,找出问题的本源,切中要害,事半功倍。

二、中国和西欧企业文化的融合

1. 中国和西欧企业文化的融合——概念、必要性与可能性

(1)概念

正确认识并控制中欧企业文化冲突,有利于实现中国和西欧企业文化的融合。所谓企业文化融合,是指不同形态的企业文化相互结合、相互吸收而融为一体的过程。企业文化的"融合"不同于"同化",企业文化融合强调的是不同形态的企业文化融为一体,不分彼此,没有哪种形态的企业文化在其

中占主导地位。而企业文化同化强调的是不同形态的企业文化在相互影响和相互作用中,某种企业文化占主导地位,其他形态的企业文化被它同化了,使其他企业文化丧失了主体性,但占主导地位的企业文化的主体性却被强化。[①] 虽然企业文化协同与企业文化融合、企业文化同化在某些方面存在共同点,如它们都要经历不同形态的企业文化接触和碰撞,且都面临着企业文化冲突等,但是它们存在根本的区别。

第一,它们对企业文化差异的认识不同。企业文化融合和企业文化同化都是基于这样一种认识:企业文化差异是企业文化冲突的根源,而企业文化冲突对组织管理具有破坏性的影响,因此,消除企业文化差异是保证组织活动一致性的前提。而企业文化协同却强调这样一种观念:企业文化差异虽然可能导致企业文化冲突,产生企业文化多样性劣势,但它也是企业文化多样性优势的源泉,只要企业文化冲突控制在合理范围之内,就可以获得企业文化多样性优势,避免企业文化多样性劣势。

第二,它们的目的不同。企业文化融合的目的在于整合不同形态的企业文化,消除不同形态的企业文化差异,使不同形态的企业文化融为一体。企业文化同化的目的在于树立某

---

① 陈至发:《跨国战略联盟企业文化协同管理》,中国经济出版社 2004 年版。

一形态的企业文化的主导地位,消灭其他形态的企业文化,从而消除不同形态的企业文化差异,一方面保持了企业文化上的一致性,另一方面强化了某一形态的企业文化主导地位。而企业文化协同的目的是使不同形态的企业文化和谐共存,保留不同形态的企业文化差异,从而充分发挥企业文化多样性优势。

第三,它们的过程不同。企业文化融合是不同形态的企业文化在相互碰撞、相互冲突中融为一体的过程,在这个过程中并没有哪种企业文化占主导地位,不同形态的企业文化势均力敌,不分彼此。企业文化同化是不同形态的企业文化在相互碰撞、相互冲突中某些形态的企业文化被某一形态的企业文化同化的过程,其中必定有某种形态的企业文化占主导地位。而企业文化协同是不同形态的企业文化在相互碰撞、相互冲突中和谐共存的过程,这是不同形态企业文化相互尊重,共谋发展的过程。

第四,它们所需付出的努力不同。由于企业文化一旦形成,就具有相对的稳定性,因而不容易改变。企业文化同化是对不同形态的企业文化进行整合或同化,其实质是使具有相对稳定性的某些形态的企业文化从人们的意识中彻底消失,这是一个非常艰巨的工作,需要付出的努力和成本是巨大的。而企业文化融合是使不同形态的企业文化相互配合、相互协调、和谐共存,其实质是相互尊重对方的企业文化,和平共处,因而所需付出的努力和成本相对较小。相对而言,在合资企业实践中,企业文化融合更具现实可行性。

　　第五,它们的结果不同。企业文化同化的结果是消除了企业文化差异,保持了企业文化的一致性,但是丧失了企业文化多样性优势,而在企业文化同化过程中企业文化冲突却不可避免,企业文化多样性劣势却充分表现出来。而企业文化融合的结果是不同形态的企业文化和谐共存,既获得了企业文化的一致性,又保持了企业文化差异,使企业文化冲突控制在合理范围,企业文化多样性优势被充分利用,企业文化多样性劣势被有效克服。

　　(2)必要性

　　"深厚的企业文化不仅能够应对一种环境,而且还能够顺应各种不同的、变化着的环境。当出现新的挑战时,深厚的文化能够进行调整,以适应挑战。"曾经有美国专家说:"中国公司如今在国内面临着外国企业的激烈竞争。它们不得不有所动作。它们不得不具备全球规模。"[①]因此,"走出去"是全球化背景下中国企业生存和竞争所必然要迈出的一步,而西欧就是中国企业"走出去"的重要目的地。在这个过程中,就必然遇到企业文化差异和冲突的问题,而企业文化的融合正是

---

　　① 《海外收购是培育世界品牌的良策》,《中国高新技术产业导报》2005 年 7 月 13 日,第四版。

解决这一问题的重要、有效途径。

其一,中国和西欧企业文化的融合是解决跨文化冲突的需要。企业的跨国经营,必须与当地的企业文化进行交流与融合。在这样的环境下,中国和西欧企业文化在交流过程中,出现了取长补短、相互交融的趋势。此外,企业间激烈的竞争,也促使企业不断改进经营方式和管理风格,学习和引进先进的企业文化。

其二,建立中西交融的企业文化,是中国企业跨国发展的需要。中国企业若要在海外拓展市场,不能仅凭低成本竞争优势,还要善于借鉴西方企业的经营经验,多下功夫建立企业品牌形象,同时注意从中国传统文化中汲取营养,建立一个良性互动的"和谐"企业文化,建立起既适应国际经济环境,又适应国际文化环境的新型企业文化,有效地利用跨国文化管理手段,取得竞争优势,从而获得国际经营活动的主动权。

(3)可能性①

首先,文化的特质性决定了中西企业文化融合的可能性。有学者认为,"所谓文化,无论是中国的或是世界的,东方的或西方的,都只能是一个概括的、复杂的统一体,绝不是铁板一

---

① 关于中西企业文化融合的可能性的详细探讨参见陈觅:《中西企业文化的比较及其融合》,《青岛科技大学学报(社会科学版)》2007年第2期,第87—90页。

块,针插不进、水泼不进的东西。"①东西方文化应该是相容
的、相互吸收和相互渗透的,这就决定了企业文化的融合是可
行的,甚至也是必然的。

其次,文化的互补性决定了中国和西欧企业文化融合的
可能性。"东方跟西方应该是相辅相成、相依相存,东方的东
西恰好是西方所需要的,西方的东西刚好是东方所需要的,这
是很自然的两极发展之后的一种统和问题。"②著名学者梁漱
溟也认为,西洋文化是意欲向前的处理人与自然关系的文化,
这种文化在这方面有重要价值;中国文化是意欲调和、随遇而
安的,这种文化在处理人与人的关系上有积极作用和价值。
人在解决了人与自然的关系以后,必然要解决人与人的关
系。③ 因此,中西文化的融合就有着可能性与必然性。随着
全球经济的发展以及互联网普及,各民族间的交流日益频繁
和广泛,这更促进了文化的融合,而不同民族通过交流达到
彼此间的沟通和信任,也正是文化融合的重要内容。中国
和西欧文化融合的必然性也自然说明了双方企业文化融合
的可能性。

①　司千字:《21世纪中西企业文化融合浅析》,《经济师》2002年第12期,
第19页。
②　同上。
③　梁漱溟:《东西文化及其哲学》,上海人民出版社2005年版。

最后,文化发展的继承性决定了中西企业文化融合的可行性。文化的基本结构包括物质文化、制度文化和精神文化。[1] 文化的发展具有鲜明的继承性,这决定了其融合的可能性,也决定了企业文化融合的可能性。

2. 企业文化融合的途径

为了发挥多元文化的优势,合资企业内部文化必须经过整合进而实现融合。合资企业的文化融合过程可以分为四个阶段:探索期、碰撞期、整合期和创新期。[2]

探索期:这时期需要全面考察跨文化企业所面临的文化背景、文化差异、可能产生文化冲突的一些相关方面,并根据考察的结果初步制定出整合的方案。

碰撞期:这是跨文化企业进行文化整合的实施阶段,也就是文化整合开始执行的阶段。不同的文化在这个时期直接接触,必然会发生冲突。所以,制定一系列的管理制度尤为重要。管理学和组织行为学的研究表明,冲突问题的研究和冲突管理的训练在管理实践中是十分重要的。不成功的管理者与成功的管理者相比,前者花费了更多的时间用于冲突管理,

---

① 衣俊卿:《文化哲学:理论理性和实践理性交汇处的文化批判》,云南人民出版社 2001 年版,第 72—83 页。

② 严文华、宋继文、石文典:《跨文化企业管理心理学》,东北财经大学出版社 2000 年版,第 91—122 页。

后者更为准确地理解和把握了冲突管理。① 所以在这个阶段,进行跨文化培训是防止和解决文化冲突的有效途径。作为中外合资企业,要解决好文化差异问题,搞好跨文化管理有赖于一批高素质的跨文化管理人员。因此,双方在选派管理人员时,尤其是高层管理人员,除了要具有良好的敬业精神、技术知识和管理能力外,还必须思想灵活、不墨守成规、有较强的移情能力和应变能力;尊重意识与平等意识强,能够容忍不同意见,善于与各种不同文化背景的人友好合作;在可能的情况下,尽量选择那些在多文化环境中经受过锻炼的人及懂得对方语言的人。通常来讲,跨文化培训的主要内容应包括:①认识和了解对方民族文化及原公司文化;②文化的敏感性、适应性的培训;③语言培训;④跨文化沟通及冲突处理能力的培训;⑤对于中方人员来讲,还需接受对方的管理方法及经营理念的培训。②

整合期:这是不同文化逐步达到协调与融合的过程,这是一个较长的时期。在这个阶段主要是形成、维护与调整文化整合中的一系列行之有效的跨文化管理制度和系统。为此,企业应该做到:①在企业内部逐步建立起共同的价值

---

① 马新建:《冲突管理:基本理念与思维方法的研究》,《大连理工大学学报(社会科学版)》2002年第3期,第19—25页。

② 杨泉:《跨国企业中跨文化管理》,《中国人力资源开发》2002年第3期,第22—24页。

观,作为文化重要组成部分的价值观,是一种比较持久的信念,它可以确定人的行为模式、交往准则,以及何以判别是非、好坏、爱憎等的标准;②采用本土化经营策略,使外方的文化有效地适应中国文化的特点,双方文化彼此达到协调与融合。

创新期:这是指在文化趋向融合的基础上,合资企业整合、创造出新的文化的时期。为此,企业应该在这个时期做到:①认真分析不同文化,找出它们的优缺点,摒弃不同文化中分别具有的缺点或不适应之处;②建立共同经营理念,建设"合金"企业文化;③培养和创造新鲜的企业文化,创新出独特的跨文化管理文化。

总之,在文化融合的不同时期,应该制定相应的管理战略和制度,找出文化的冲突之所在,通过有效的整合,使多元文化发挥出应有的优势。在整合的基础之上,创新出新的企业文化、跨文化管理文化,最终实现企业文化的融合。

3. 中国与西欧企业文化融合——建立 "和谐企业文化"

中国经济社会的和谐发展对企业文化提出了注重"以人为本"、公平正义、和谐等方面的更高要求,和谐作为一种伦理道德与管理准则,其理念如何才能融入企业文化从而构建"和谐企业文化"的问题正成为学界关注的焦点之一。建立"和谐企业文化"①既是企业自身发展的必然要求,也是和谐社会、和谐文化建设的应有之义。

所谓"和谐企业文化",是指以"和谐"思想作为企业文化的思想内核和价值取向,企业文化生态系统中的各个部分和各个要素之间和谐、稳定、有序的状态,具体包括企业文化的内部和谐,企业与企业、企业与社会(包括生态环境)的外部和谐等。构建和谐企业文化,有几个不同的层面:其一是企业文化本身不同层次之间的高度和谐;其二是企业发展的各项战略与企业文化之间应该互相适应、互相促进;其三是企业经营的各项工作与自己的经营理念、价值诉求和谐统一。②

一般而言,可以通过以下方式构建和谐的企业文化:

(1)敏感性训练。敏感性训练,也称"T 小组训练法",是美国心理学家勒温于 1964 年创建的一种改善人际关系和消除文化隔阂的方法。通过敏感性训练,员工可以学会如何进行有效的交流,细心地倾听以了解自己和别人的情感,从而加强人们的自我认知能力和对不同文化环境的适应能力,并促

①　所谓"和谐企业文化",是指以"和谐"思想作为企业文化的思想内核和价值取向,企业文化生态系统中的各个部分和各个要素之间和谐、稳定、有序的状态,具体包括企业文化的内部和谐,企业与企业、企业与社会(包括生态环境)的外部和谐等。

②　肖湘:《构建和谐企业文化的三大基石》,《企业改革与管理》2005 年第 6 期,第 50 页。

使来自不同文化背景的员工之间进行有效的沟通和理解。敏感性训练的一般方法是把 10—15 名员工集中到实验室或远离企业的地方，由心理学家对他们进行训练，为期一两周。在培训过程中，受训员工没有任何任务和负担，相互之间坦诚交谈，内容也只局限于他们之间当时发生的事情。通过这种方式，受训者能够发现和学习原来自己没有注意到的文化差异，打破心中的文化障碍，加强不同文化间的合作意识和联系。通过敏感性训练可以明显减少跨文化企业的员工的文化偏见，增加相互间的信任感和内部控制倾向，提高员工对不同文化的鉴别和适应能力。

(2)参考组织行为学专家提出的一些基本原则。如世界著名的组织行为学权威罗宾斯就提出这样三项组织行为的基本原则：第一，在没有证实相似性之前，先假定存在差异；第二，在进行解释或评价之前，先要有客观描述作为基础；第三，在传递信息之前，先要将自己置身于接受者的位置上。这三项基本原则，对中国企业跨国跨文化经营的组识行为有重要的参考价值。

(3)建立共同的价值观。美国管理学家彼得斯和沃特曼指出："我们观察的所有优秀公司都很清楚它们主张什么，并认真地建立和形成了公司的价值标准。事实上，如果一个公司缺乏明确的价值准则或价值观念不明确，我们很怀疑它是否有可能获得经营上的成功。"①企业必须形成集体的力量，才能保证企业立于不败之地。建立共同价值观，可以提高员工的凝聚力、向心力。在企业内部逐步建立起共同的价值观作为文化重要组成部分的价值观，是一种比较持久的信念，它可以确定人的行为模式、交往准则，以及何以判别是非、好坏、爱憎等。不同的文化具有不同的价值观，人们总是对自己国家的文化充满自豪，大多数人总是有意无意地把自己的文化视为正统，而认为外国人的言行举止总是稀奇古怪的，而事实上，这些看似古怪的言行举止、价值观念对该国人民来说是再自然不过的了。因此，我们要尽可能地消除这种种族优越感，注意对对方的文化尊重和理解，以平等的态度交流。在此基础上，找到两种文化的结合点，发挥两种文化的优势，在企业内部逐步建立起统一的价值观。

事实上，"和谐企业文化"的基本特征是在企业管理中坚持以人为本、人际和谐、诚实守信、团队合作、绩效导向和个人导向等原则，②实现企业员工身心和谐、人际关系和谐、群己和谐，最终实现天人和谐。构建"和谐企业文化"，一是要善于提炼企业的核心价值观；二是要建立学习型企业，让全体员工

---

① ［美］托马斯·彼得斯、罗伯特·沃特曼著，北京天下风经济研究所译：《追求卓越——美国优秀企业的管理圣经》，中央编译出版社 2004 年版，第 27 页。

② 葛培波、董西明、刘靖：《和谐企业文化的特点及其建设途径的思考》，《技术经济与管理研究》2006 年第 3 期，第 90—91 页。

参与到企业文化的建设中来;三是要不断创新企业文化从而永葆生命力和活力,四是领导者要在企业文化建设中发挥关键作用,担当企业文化的塑造者和变革者。① 中国和西欧企业文化是有着显著不同的价值观、思维方式、行为习惯及制度结构的企业文化,这决定了二者的融合也应从这几个方面进行,从而建立互相促进、互相提高的"和谐企业文化"。

(1)价值观:和谐与竞争的融合

深受儒家传统文化影响的中国企业文化是以"情感"为纽带的"家本位"文化,提倡集体主义和团队协作,鼓励群体发展与团结进取,以"和气生财"为至高信条。然而,由于市场经济体制尚在建立过程中,许多企业缺乏竞争意识和自强不息的奋斗精神;而西欧企业文化强调员工个人竞争,鼓励员工追求卓越的业绩,鼓励员工创新和冒险,提倡竞争创新和追求卓越。这自然有利于员工本人的生存、发展能力的提高,但是个人是社会的产物,离不开群体这个空间,损害了群体利益,个人利益也难以得到保证。现代市场经济的发展使竞争日益激烈,一个企业乃至一个国家要想在世界市场上取得竞争的胜利,就必须形成核心竞争力。从市场经济的角度看,把中国企业文化的集体主义精神与西欧企业文化中的个人竞争意识紧

---

① 段淳林等:《企业文化与企业核心竞争力的提升》,《山西师范大学学报(社会科学版)》2004 年第 1 期,第 31—33 页。

密结合起来,可以更好地促进中国和西欧企业的健康发展。在全球化的今天,实现中国和西欧企业文化在价值观上的融合,就是要把注重集体"和谐"与注重个人竞争相结合,既提高企业的整体业绩,提高团队的整体竞争力,又营造出轻松愉悦的"和谐"企业文化环境。

(2)企业制度:人治与法治的融合

受传统文化的深刻影响,中国企业文化从人性本善的角度出发,强调人治,重人际关系、重人情和"面子",到处充满灵性化和人情化,具有明显的非理性特征,因而放大了人与人之间的关系,淡化了人与物之间的关系,追求办企业就像经营一个家族一样,有浓厚的伦理关系色彩,讲究人和亲情;而西欧企业文化则从人性本恶的角度出发,实行法治,讲求原则性,追求制度化,一切严格遵守企业规章制度,因而放大了人与物的关系,淡化了人与人的关系,增强了组织的创造性和管理效率,但也缺乏有效的人际沟通,组织像一架机器,人情味相对淡薄。事实上,人治和法治都是片面的,因为人的行为是复杂的,需求是多方面的,现代社会的人非纯粹的经济人或社会人,因此,面对"复杂人",我们必须把"人治"与"法治"结合起来,使企业治理既尊重制度又能体现出必要的灵活性,既实现科学管理又充分体现人文关怀,既实现企业目标又促进个人的进步与发展,最终实现"人治"与"法治"的融合。

(3)思维方式:重道与重器的融合

中国企业文化是重"道"轻"器"的思维方式,具体而言就是重宏观轻微观、重整体轻个体、重综合轻分解、崇尚一元性贬斥多元性。同时,中国企业文化重先验理性,重直觉,重感悟,重整体性,容许模糊性。西欧企业文化是重"器"轻"道"的思维方式,具体而言就是重微观轻宏观,重个体轻整体,重分解轻综合,崇尚多元性贬斥一元性。同时,西欧企业文化重事实,重逻辑思维,重发现,追求精确。这种企业文化蕴涵着较多的理性思想,强调直接、确切、实用、科学、效率,重视标准、制度的作用,表现出一种非常理性的思维方式。一般而言,重"道"的思维方式具有整体、宏观的优势,却忽略了微观、局部细节;而重"器"的思维方式能充分关注个人、局部和微观细节,却缺乏宏观视野和整体优势。事实上,这两种思维方式具有天然的互补性,只有将二者融合起来,才能使中国和西欧企业在经营发展过程中既注重宏观战略,又擅长实际执行;既关注整体发展,又不忽视局部利益;既注重精确化,又具有必要的模糊性,从而促进企业在全球化的今天健康快速发展。

(4)决策方式:分散与集中的融合

在企业决策方式上,中国企业在决策上奉行集体主义,不善于授权,注重"掌管",形成了民主集中的群体决策风格。其特点是能够集思广益,从而保证和维护企业的整体利益,但缺点是权责不够明确,决策效率低,且难以对快速变化的市场做出足够迅速的反应。西欧公司则倾向于决策的分散化。西欧企业文化认为管理即授权,在决策上奉行个人主义。具体来说,西欧公司决策大多在专家集团的支持下由个人做出决定并完全由个人对决策负责,而且遵循自上而下的"决策—执行"单向型决策管理模式。其特点是明确的分权、授权以及权责相称,具有较强的科学性,决策效率较高,能够迅速应对快速变化的市场。但其缺点是不能集思广益,有时甚至会引起个人独断专行而导致比较重大的决策失误。正因如此,如果将决策的集中化和分散化结合起来,实现中国和西欧企业文化的融合,就既能够集思广益、维护企业的整体利益,又能够保证权责明确,保证决策的及时性、科学性和效率性,以应对全球市场的迅速变化。

结　　论

在中西文化差异的大背景下,中国和西欧企业文化在基本价值观、思维方式、沟通方式、决策方式、管理方式、企业与员工关系、管理文化和理念、组织和治理结构、沟通方式和习惯、法制观念、判断效果的标准以及企业文化心理等多个方面都存在显著差异。中国企业文化可归结为重情轻法、重感悟轻科学的"灵性主义"文化,而西欧企业文化则可归结为重法轻情、重科学轻感悟的"理性主义"文化。"地域"和"历史文化"是导致中国和西欧企业文化差异的重要根源:"地域"导致了中国和西欧企业文化的思维方式与企业家精神的重大差异,"历史文化"则从根本上塑造了两种风格迥异、属性相悖的企业文化。

随着全球化的发展,企业进入跨国经营时代之后,学界兴起了跨文化研究的热潮,尤其是文化维度理论,其理论成果对中国企业参与国际市场竞争,尤其是对化解中国和西欧企业的文化冲突、促进中国和西欧企业文化融合具有重要的指导意义。事实上,不同文化中的人群对同一问题的观念、价值取向和解决方法常常不同,这就显示出显著不同的文化导向,从而体现出这些群体的文化特征,进而绘出各个文化群体的文化轮廓图,而将不同的文化区分开来。所谓文化导向,就是人们在面对人类都会面对的共同的基本问题的时候所表现出来的心理、态度和行动的综合偏向。不同的群体有不同的文化导向,从而体现出自身独特的存在和鲜明的群体性格。在实施经营管理的时候,对具有不同文化导向的群体,应该采取不同的管理思想、经营战略和管理方式,从而相应的组织结构、人际关系和管理理念也应有所区别。中国和西欧企业文化在个体—集体导向、人际关系导向、人的活动导向、时间观念导向、事业—生活导向和性情导向等六大导向维度上存在显著差异。

随着全球化的日益深入和扩展,中国和西欧企业跨国经营面临的首要问题就是如何通过识别文化差异和强化跨文化管理以化解企业文化冲突,达到跨文化的参与、融合及协同,促使跨国企业的健康发展,不断提高企业的国际化经营管理水平。所谓企业文化冲突,是指不同形态的企业文化或者企业文化要素之间相互对立、相互排斥的过程。适度企业文化冲突有利于企业经营发展,企业家并不是要避免冲突,而是要适度控制冲突,并从多角度提出了控制企业文化冲突的策略。在控制企业文化冲突的基础上,应努力实现中国和西欧企业文化和谐与竞争、法制与礼制、重道与重器、集中与分散的融合,进而在以人为本、人际和谐、诚实守信、团队合作、绩效导向和个人导向等原则的指导下建立中国和西欧企业相互促进、相互提高的"和谐企业文化"。

参 考 文 献

（按作者姓氏音序排列）

一、专著

[美]查尔斯·甘瑟尔、艾琳·罗杰斯、马克·雷诺著,干春晖译:《并购中的企业文化整合》,中国人民大学出版社 2004 年版。

成中英:《C 理论:中国管理哲学》,中国人民大学出版社 2006 年版。

陈传明:《西方管理学经典命题》,江西人民出版社 2007 年版。

陈军、张亭楠编著:《现代企业文化:二十一世纪中国企业家的思考》,企业管理出版社 2002 年版。

陈丽琳:《企业文化的新视野》,四川大学出版社 2005 年版。

陈至发:《跨国战略联盟企业文化协同管理》,中国经济出版社 2004 年版。

陈菀、郭习文:《IBM:随需而变》,中国人民大学出版社 2005 年版。

陈晓萍:《跨文化管理》,清华大学出版社 2005 年、2009 年版。

程伟杰:《凝聚力:铸造根深蒂固的企业文化理念》,机械工业
　　出版社 2006 年版。

[德]丹尼尔拉·德库汀斯著,陈静、郑烨译:《百年基业:西门
　　子的机遇、困惑与梦想》,中国铁道出版社 2007 年版。

丁孝智等:《企业之魂:经济全球化与大企业文化建设》,甘肃
　　人民出版社 2003 年版。

窦卫霖:《跨文化商务交流案例分析》,对外经济贸易大学出版
　　社 2007 年版。

方汉文:《西方文化概论》,中国人民大学出版社 2006 年版。

[荷]冯·特姆彭纳斯、[英]查尔斯·汉普顿-特纳著,陈文言
　　译:《跨越文化浪潮》,中国人民大学出版社 2007 年版。

[美]弗恩斯·特朗皮纳斯、彼得·伍尔莱姆斯著,陈永倬译:
　　《跨文化企业》,经济管理出版社 2007 年版。

郭谊:《中西文化导论》,中国物资出版社 2004 年版。

郭正坤:《中西文化比较导论》,北京大学出版社 2007 年版。

海能、张庆洪:《企业文化:理论和实践的展望》,知识出版社
　　1990 年版。

韩巍:《基于文化的企业及企业集团管理行为研究》,机械工业
　　出版社 2003 年版。

何筑光:《企业文化与文化企业》,贵州人民出版社 2004 年版。

华锐编著:《新世纪中国企业文化》,企业管理出版社 2000 年版。

黄立军:《欧盟企业文化》,华龄出版社 2006 年版。

[美]吉勒斯·阿塞林、鲁斯·马斯特隆著,王颖译:《解读法国人》,中国水利水电出版社 2004 年版。

黎晓珍:《IBM 变革攻略》,南方日报出版社 2005 年版。

李宝龙、杨淑琴:《中国传统文化》,中国人民公安大学出版社 2006 年版。

李庚其:《赢在中国:传统文化与现代经营管理》,文汇出版社 2007 年版。

李海、郭必恒、李博:《中国企业文化建设:传承与创新》,企业管理出版社 2005 年版。

李虹:《企业的生命力》,中国社会科学出版社 2007 年版。

李建中:《中国文化概论》,武汉大学出版社 2005 年版。

李庆善:《企业动力之源:企业文化》,科学技术文献出版社 1991 年版。

李仁武、高菊编著:《现代企业创新文化》,中山大学出版社 2007 年版。

李信:《中西方文化比较概论》,北京航空工业出版社 2006 年版。

[英]理查德·D. 刘易斯著、关世杰译:《文化的冲突与共融》,新华出版社 2002 年版。

林坚:《企业文化修炼》,蓝天出版社 2006 年版。

刘光明:《企业文化》,经济管理出版社2001年版。

刘光明:《企业文化世界名著解读》,广东经济出版社2003年版。

刘光明:《企业文化案例》,经济管理出版社2007年版。

刘光明主编:《企业文化塑造:理论·实务·案例》,经济管理出版社2007年版。

刘俊心、李靖、张建庆主编:《企业文化学:现代经营管理制胜宝典》,天津大学出版社2004年版。

刘明、师至洁、姜美芝:《联想:文化缔造传奇》,中信出版社2004年版。

陆嘉玉、姚秉彦编:《企业文化理论与实践》,中国工人出版社1990年版。

罗长海、林坚:《企业文化要义》,清华大学出版社2003年版。

罗争玉:《企业的文化管理》,广东经济出版社2004年版。

马春光:《国际企业跨文化管理》,对外经济贸易大学出版社2005年版。

马冬:《中外文化交流及语用分析》,北京大学出版社2006年版。

[德]帕特里希亚·派尔-舍勒著、姚燕译:《跨文化管理:中国同德语国家的合资企业中的协同作用》,中国社会科学出版社1998年版。

齐冬平、白庆祥:《文化决定成败:中外企业文化镜鉴案例教程》,中国经济出版社 2008 年版。

钱兆光:《西方文化精讲》,华龄出版社 2007 年版。

任志宏等:《企业文化》,经济科学出版社 2006 年版。

[美]斯蒂芬·P. 罗宾斯:《管理学》(第四版),中国人民大学出版社 2002 年版。

[美]斯坦雷·M. 戴维斯著、傅小平译:《企业文化的评估与管理》,广东高等教育出版社 1991 年版。

宋光华主编:《中华文化与现代企业管理》,中国建材工业出版社 1996 年版。

谭伟东:《西方企业文化纵横》,北京大学出版社 2001 年版。

万君宝:《民族文化与企业文化》,江西人民出版社 2004 年版。

万君宝、刘明顺:《企业文化竞争力》,上海财经大学出版社 2007 年版。

王超逸、高洪深编著:《当代企业文化与知识管理教程》,企业管理出版社 2007 年版。

王成荣:《企业文化大视野》,人民出版社 2004 年版。

王成荣:《企业文化学教程》,中国人民大学出版社 2007 年版。

王驰主编:《当代企业文化导论》,湖南人民出版社 1991 年版。

王继训:《中国文化论坛(第一集)》,陕西人民出版社 2005 年版。

王学秀:《文化传统与中国企业管理价值观》,中国经济出版社 2007 年版。

[美]威廉·大内、朱雁斌等译:《Z理论》,机械工业出版社2007年版。

魏杰:《企业文化塑造:企业生命常青藤》,中国发展出版社2002年版。

吴文盛:《企业核心竞争力的文化根源》,中国经济出版社2006年版。

邢以群、张大亮:《企业文化建设:重塑企业精神支柱》,机械工业出版社2007年版。

徐行言:《中西文化比较》,北京大学出版社2007年版。

严文华、宋继文、石文典:《跨文化企业管理心理学》,东北财经大学出版社2002年版。

杨代利:《企业战略文化》,企业管理出版社2007年版。

杨艳英、李柏松:《企业文化修炼案例》,蓝天出版社2006年版。

叶陈刚:《公司伦理与企业文化》,复旦大学出版社2007年版。

叶生、陈育辉:《第三种管理模式:中国企业文化战略》,机械工业出版社2005年版。

余世维:《企业变革与文化》,北京大学出版社2005年版。

[美]约翰·A. 皮尔斯二世、小理查德·B. 鲁滨逊著,王丹、高玉环、史剑新译:《战略管理:制定、实施和控制》,中国人民大学出版社2005年版。

曾晓萱、姚慧华:《企业创新文化:现代企业发展之魂》,山东科学技术出版社2005年版。

张德、潘文君编著:《企业文化》,清华大学出版社 2007 年版。

张国刚、吴莉苇:《启蒙时代欧洲的中国观:一个历史的巡礼与反思》,上海古籍出版社 2006 年版。

张云初、王清、张羽:《企业文化资源:企业文化整合塑造》,深圳海天出版社 2005 年版。

张云初、曹东林、王清:《新企业文化运动》,中信出版社 2006 年版。

赵军:《文化与时空》,中国人民大学出版社 1989 年版。

赵曙明:《东西方文化与企业管理》,中国人事出版社 1995 年版。

赵曙明、杨忠编著:《国际企业:跨文化管理》,南京大学出版社 1994 年版。

赵文明:《中外企业文化经典案例》,企业管理出版社 2005 年版。

周施恩:《企业文化理论与实务》,首都经济贸易大学出版社 2007 年版。

周松波:《商战新论》,科学出版社 2004 年版。

周义、徐志红:《中西文化比较》,人民教育出版社 2004 年版。

祝西莹、徐淑霞:《中西文化概论》,中国轻工业出版社 2007 年版。

二、论文

鲍升华:《弘扬传统文化管理思想　探索中国特色企业经营管理之道》,《理论月刊》2002 年第 9 期。

蔡厚清:《孔子管理思想与当代西方管理思想之同异》,《经济师》2000 年第 12 期。

蔡昆:《中外企业文化比较》,《企业家天地(理论版)》2007 年 3 月。

曹德本:《中国传统文化与世界多元文化》,《东北师范大学学报(哲学社会科学版)》2001 年第 4 期。

曹诗图、杨宇:《欧、美、日、中企业文化比较》,《三峡大学学报(人文社会科学版)》2001 年第 2 期。

柴红英、赵黎明、杨林:《刍议建立中西融合的现代企业文化》,《科学管理研究》2006 年第 4 期。

陈春花:《企业文化的改造与创新》,《北京大学学报(哲学社会科学版)》1999 年第 3 期。

陈丽琳:《企业文化四层次结构理论及应用》,《经济体制改革》2007 年第 5 期。

陈觅:《中西企业文化的比较及其融合》,《青岛科技大学学报(社会科学版)》2007 年第 2 期。

陈平:《多元文化的冲突与融合》,《东北师范大学学报(哲学社会科学版)》2004 年第 1 期。

陈启云:《地理与人文互应动态考析之一:中西地理环境比较》,《兰州大学学报(社会科学版)》2007 年第 2 期。

陈诗高:《中西方管理思想的文化差异分析》,《甘肃农业》2006 年第 9 期。

陈书奇:《我国社会转型时期中西方企业文化的冲突与协调》,
　　《河南教育学院学报(哲学社会科学版)》2003 年第 2 期。

陈心怡、刘镜:《企业文化管理及其创新的路径选择》,《现代管
　　理科学》2003 年第 8 期。

程建新、蒋月月:《差异与融合——当代中美企业文化比较研
　　究》,《冶金企业文化》2006 年第 3 期。

程森成、王丹:《中西方文化差异背景影响下的企业文化研
　　究》,《当代经理人》2006 年第 21 期。

董靖保、王尚义:《中西方管理思想的文化分析》,《生产力研
　　究》2000 年第 4 期。

段鸿、李骏:《企业文化中的民族文化内涵分析——以美国、日
　　本为例》,《亚太经济》2007 年第 5 期。

高小玲、刘巨钦:《从人性假设视角透析管理思想回归的内在
　　历史逻辑》,《南开管理评论》2005 年第 1 期。

高学贤、刘栋林:《中西文化的差异及其在企业管理中的体
　　现》,《石油大学学报(社会科学版)》2000 年第 3 期。

官鸣:《中西管理思想论纲》,《厦门大学学报(哲学社会科学
　　版)》1995 年第 1 期。

管琳:《知识经济时代企业文化发展趋向》,《华东经济管理》
　　2000 年第 2 期。

郭安海:《东西方企业文化比较的启示》,《企业文化》2005 年
　　第 6 期。

韩铁丰:《从地理学观点来看中西文化之差异》,《人文地理》
　　1990 年第 3 期。

何问陶、田晔:《我国企业文化的新制度经济学分析》,《江苏商
　　论》2003 年第 11 期。

侯建军:《文化与中西文化差异比较》,《商场现代化》2007 年 7
　　月(中旬刊)。

黄丹:《企业文化研究的哲学思考》,《改革与战略》2000 年第 3
　　期。

黄旭东:《中西企业文化比较论》,《贵州社会科学》1991 年第 8
　　期。

贾冬莉:《中西方管理文化比较分析》,《科技情报开发与经济》
　　2004 年第 6 期。

金雯:《东西方文化的差异对企业文化的影响》,《理论探索》
　　2002 年 4 期。

景南:《东西方管理思想之比较研究》,《江西师范大学学报(哲
　　学社会科学版)》2004 年第 2 期。

黎群:《试论企业文化的形成机制与建设》,《北方交通大学学
　　报》2001 年第 5 期。

黎永泰:《论中国企业文化再造》,《四川大学学报(哲学社会
　　科学版)》1999 年第 1 期。

黎永泰:《试论企业文化的两种基本类型》,《经济体制改》2001
　　年第 1 期。

黎永泰、黎伟:《企业文化管理与传统探讨》,《四川大学学报 (哲学社会科学版)》2002 年第 6 期。

李存金、李娟:《中美企业文化比较研究》,《现代企业教育》 2006 年第 10 期。

李杰敏:《儒家管理哲学对现代化管理的启示》,《广州大学学 报(综合版)》2001 年第 10 期。

李来成:《传统文化与企业文化的关系比较》,《企业文化》2006 年第 2 期。

李琦、李玲:《从西方企业文化内涵反观中国传统企业文化思 想》,《北京市计划管理劳动干部学院学报》2004 年第 2 期。

李琪:《欧洲管理学者看中西企业文化差异》,《改革》1999 年 第 2 期。

李晓峰:《论企业文化管理观念及其在企业经营实践中的运 用》,《西北工业大学学报 (社会科学版) 》2000 年第 3 期。

林国健:《浅议中西方企业文化的整合》,《洛阳学报》2005 年 12 月。

林桦:《东西方管理思想的水乳交融》,《复旦大学学报》1998 年第 1 期。

林擎国、王立凤:《企业实行文化管理的转变》,《厦门大学学报 (哲学社会科学版)》2003 年第 4 期。

刘安:《中法企业文化比较研究》,《天津商学院学报》2002 年 第 2 期。

刘嘉:《企业文化的比较研究》,《现代管理科学》2004 年第 6 期。

刘伟国:《儒学传统与知识经济下的企业文化建设》,《甘肃省经济管理干部学院学报》2002 年第 4 期。

吕金记:《民营企业文化重构的路径选择分析》,《华东经济管理》2007 年第 2 期。

马京生、任慧:《中西企业文化比较研究》,《内蒙古工业大学学报(哲学社会科学版)》1998 年第 1 期。

马陆平、吴海龙:《中西文化差异之根源——兼论两种时空观对文化的影响》,《和田师范专科学校学报(汉文综合版)》2006 年第 4 期。

潘建屯:《论中西哲学视野下的企业文化》,《四川经济管理学院学报》2004 年第 4 期。

彭美华:《企业文化与企业竞争力》,《商业研究》2001 年第 9 期。

瞿祥华、杨贺盈:《如何走出企业文化发展的困境》,《经济师》2003 年第 12 期。

沈翠珍:《谈中华传统文化与现代企业文化的融合》,《商业时代》2006 年第 29 期。

沈仰东:《基于竞争优势的企业文化构建》,《中南民族大学学报(人文社会科学版)》2006 年第 4 期。

盛涤民:《欧洲企业文化借鉴探寻》,《邮政研究》2004 年第 4 期。

史希平：《中西企业管理文化的比较分析》，《企业经济》2003
　　年第 11 期。

帅萍、孟宪忠：《企业文化利益相关者论》，《商业研究》2004 年
　　第 6 期。

司千字：《21 世纪中西企业文化融合浅析》，《经济师》2002 年
　　第 12 期。

唐炎钊、陆玮：《国外跨文化管理研究及启示》，《管理现代化》
　　2005 年第 5 期。

田晖：《中西方企业冲突管理模式及其思想的比较》，《湖南师
　　范大学社会科学学报》2007 年第 3 期。

汪克夷：《中西方企业文化的哲学关联》，《企业文化》2003 年
　　第 8 期。

王保利、徐瑞平：《儒家文化与企业文化管理》，《商业研究》
　　2001 年第 10 期。

王蕾：《加强企业文化建设的分析与思考》，《江南论坛》2004
　　年第 12 期。

王胜洲、都娟：《企业文化研究再思考》，《河北经贸大学学报
　　（综合版）》2007 年第 1 期。

王玮：《儒家思想对企业文化的影响》，《企业文化》2003 年 10
　　期。

王新华：《中国传统文化对企业文化的影响》，《经济论坛》2004
　　年第 2 期。

王乐忠:《知识经济时代的企业文化》,《商业研究》2001 年第 6 期。

王卓君:《企业文化研究断想》,《南京政治学院学报》1990 年第 5 期。

吴声怡、许慧宏、郑秋:《企业文化的比较研究》,《福建农林大学学报(哲学社会科学版)》2004 年第 7 期。

谢鹏:《论孔子管理思想及在现代企业管理中的借鉴》,《贵阳金筑大学学报》2002 年第 12 期。

辛杰、徐波:《中、西方管理伦理比较及其对中国企业的启示》,《经济与管理》2007 第 2 期。

徐晓丹:《中西文化的差异全球化框架下的文化整合》,《理论与探讨》2004 年第 2 期。

杨红娟:《中西方管理思想的比较分析》,《昆明理工大学学报(社会科学版)》2002 年第 3 期。

杨宜苗:《美日企业文化融合及其启示》,《中外企业文化》总第 91 期。

杨永平、白永秀:《社会文化对企业文化的影响与对策》,《经济管理前瞻》2002 年第 11 期。

杨壮:《美、日企业的人才战略及其给中国的启示》,《经济体制比较》1999 年第 1 期。

殷瑾、井润田、项保华:《跨国购并中企业文化整合策略》,《商业研究》2006 年第 15 期。

喻庚平:《试论中西企业文化的区别》,《湖南社会科学》1990
　　年第 6 期。

臧良运:《中外合资企业跨文化管理研究》,《商场现代化》2007
　　年第 6 期。

张军峰:《知识经济条件下企业文化的构建》,《北方经贸》2003
　　年第 2 期。

张明、林云峰:《企业文化的制度经济学浅析》,《商业研究》
　　2005 年第 2 期。

张同起、刘运娇:《民族文化对企业文化的影响》,《企业文化》
　　2004 年第 11 期。

张维华(2003):《中国传统文化与现代企业管理》,《湖州师范
　　学院学报》第 1 期。

赵国艮、朱贵平、张顺玲:《中西文化个性差异在现代企业管理
　　中的凸显与融合》,《现代企业管理》2007 年第 4 期。

赵胜刚:《基于中国传统文化构建现代企业文化》,《企业文化》
　　2007 年第 11 期。

郑淑婷:《钱穆的中西文化差异观》,《安徽农业大学学报（社
　　会科学版）》2007 年第 1 期。

周灯君:《论企业文化在企业发展中的作用》,《蚌埠党校学报》
　　2006 年第 2 期。

朱长丰:《中西企业制度差异及其文化背景分析》,《温州职业
　　技术学院学报》2001 年第 1 期。

朱华桂:《论中西管理思想的人性假设》,《南京社会科学》2003
年第3期。

朱榕:《中西管理文化差异探析》,《嘉应大学学报(哲学社会
科学)》2007年第1期。

三、西文

Alexandre, A., M. Martin, Wei Li., W. Tim, and S.
Reed(2006), "Cultural Influences on Knowledge Sharing
Through Online Communities of Practice," *Journal of
Knowledge Management*, 10(1).

Barney(1991), "J1 Firm Resources and Sustained Competi-
tive Advantage," *Journal of Management*, 17 (1).

Bhagat, R., B. Kedia, P. Hareston, and H. Triandis (2002),
"Cultural Variations in Cross-border Transfer of Organi-
zational Knowledge: An Integrative Framework," *Acade-
my of Management Review*, (27).

Brewster, C., O. Tregaskis, A. Hegewich, and L. Mayne
(1996), "Comparative Research in Human Resource
Management: A Review and Example," *The Internation-
al Journal of Human Resource Management*, 3.

Hofstede, Geert (1984), *Culture's Consequences*. Beverly

Hills: Sage Publications.

Hofstede, Geert(1991), *Culture and Organizations*, London: McGraw Hill.

Holden, N. (2001), "Knowledge Management: Raising the Spectre of the Cross-Culture Dimension," *Knowledge and Process Management*, 8(3):155—163.

Leyland, M. (2006), "The Role of Culture on Knowledge Transfer: The Case of the Multinational Corporation," *The Learning Organization*, (13).

McSweeney(2002), "Cultures and Organizations: Hofstede's Model of National Cultural Differences and Their Consequences: A Triumph of Faith—A Failure of Analysis," *Human Relations*, Vol. 55 (No. 1): 89—118.

Shuler, R. S., and S. Jackson(1988), "El Linking Remuneration Practices to Innovation as a Competitive Strategy," *Human Resource Australia*, 10 (5).

Szulanski, G. (1996), "Exploring Internal Stickiness: Impediments to the Transfer of Best Practice within the Firm," *Strategic Management Journal*, (17).

Zander, U. and B. Kogut(1993), "Knowledge of the Firm and the Evolutionary Theory of the Multinational Corporation," *Journal of International Business Studies*, 24 (4).

Zhiyi, A. and M. Peter(2007), "National Culture and the Standardization versus Adaptation of Knowledge Management," *Journal of Knowledge Management*, 11(2).

后　记

　　全球化已成为时代的潮流,波澜壮阔,势不可挡。中国民主革命的先行者孙中山先生有过一句名言:"世界潮流,浩浩荡荡,顺之者昌,逆之者亡。"全球化的时代大潮,对于企业来讲,将是顺之者兴,逆之者衰。

　　21世纪是经济文化全球化的时代,这是不以人的意志为转移的客观趋势。全球化趋势正在给全球政治、经济、文化与社会生活等诸多方面带来深刻影响。

　　人们不禁要问:究竟什么是全球化? 英国著名社会学家吉登斯曾作过精彩的阐述:"全球化的本质就是流动的现代性,在这里,流动指的是物质产品、人口、标志、符号以及信息的跨空间和时间的运动。全球化就是时空压缩,全球化使得人类社会成为一个即时互动的社会。"全球化是现代性在历史进程中的延伸,它是由人种、金融、科技、媒介和意识形态五种景观互相交织而形成的一种错综复杂的世界状态。现代性的全球化延伸势必导致现代性的多元化,从而为历史的不同时段和世界的不同区域的多维现代性(divergent trajectories of modernity)敞开空间。多维现代性意味着全球时代文化的异质性和同一性之间的矛盾冲突更加突出,文化冲突成为当今世界文化的基本面貌,在其深层乃是异质的文化精神及其价值观念的悖立和较量。全球化过程将社会生活变成了政治、经济和文化的竞技场,而文化竞技已经成为文化冲突的一个醒目的表征。

文化冲突显然会给中西方企业家带来不同的文化思考与价值判断。那么,在全球化背景下,这些跨国企业应如何调整他们的全球战略及建立与其相配套的企业文化,才能应对瞬息万变的世界市场呢?

文化冲突实质上是人与人之间、群体与群体之间、组织与组织之间在价值观和行为上的冲突。冲突意味着意见分歧和对抗,势必造成组织、团体、个人之间的不和,破坏良好的关系,影响组织目标的实现。

笔者有着十几年的企业管理经验,先后成功经营了数家颇具规模的企业,曾参与过 100 多个中外合同的谈判,对文化的冲突和障碍有着较为特殊感觉,对中西企业文化尤其是中国和西欧企业文化的差异和冲突及其形成的根源有着较为深刻的理解,也有在实践操作层面的感性认识和直观经验。

笔者认为,由于地理环境、历史文化、经济形态和宗教渊源导致中国和西欧文化在基本价值观、思维方式、沟通方式、判断标准以及习惯行为等方面都存在显著的差别。深受儒家思想的中国文化是以"情义"为纽带的"家本经"文化,提倡集体主义及和谐精神,可归结为"重情轻法","重感悟轻科学"的灵性主义文化,而西欧文化可归结为"重法轻情"、"重科学轻感悟"的理性主义。

作为一位多年从事跨国经营工作的管理者及从事中欧文化交流的文化使者,我深深地体会到,不同文化圈中的人群对许多人类共同的基本问题表现出相当不同的态度、价值取向和解决方法,这显著地影响了人们工作及生活的态度和行为。为了迎合经济和文化全球化的大趋势,有效控制民族之间、企业之间的文化摩擦碰撞,我对中国与西欧文化进行了系统比较分析,总结出了两个文化系统的基本差异并探寻形成这些文化差异的渊源。在此基础上,作为一位企业家,我从企业的角度,归纳出中国与西欧企业文化的基本差异,并在不同点中寻求融合点,把不同文化导向、价值取向、行为方式等有机结合起来,构建一种解决企业文化差异的框架,以有效控制中国和西欧企业文化的冲突,进而提出建立和谐企业文化的理念。

在实际研究过程中我碰到了诸多困难,一方面,专门研究中国和西欧文化比较的文献资料实在太少,另一方面,关于纯文化方面的资料却浩如烟海,如何从中提取出其精髓并整理成两个可对比的文化体系,给我提出了巨大的挑战。

所幸的是,在我的博士后导师厉以宁先生的指导下,我战胜了种种困难,完成了具有开创性的研究成果。

在本书即将付梓之际,我要感谢我的博士后导师厉以宁先生和师母何玉春，正是他们在关键时刻为我树立了信心，使我能顺利完成此书的写作。

我的好友段回青和校友翁博参与了本课提的研究并对书稿进行了全面细致的审读，提出了很好的修改意见，对提高书稿质量给予了很大的帮助。

最后，我要感谢我的父母亲点亮了我的生命，温暖了我的生活，并不断鼓励和全力支持我的事业。在他们的金婚之际，谨以此书献给我最为善解人意的父亲周王汉先生和最善良的母亲蔡树兰女士，以表示我对他们永远的感恩！

北京　竹溪园

2010 年 8 月 6 日